JÜDISCHE KÜCHE

JÜDISCHE KÜCHE

J. Doležalová
A. Krekulová

Verlag Werner Dausien
Hanau

QUELLENNACHWEIS:

Die Texte von Martin Buber sind folgendem Band entnommen:
Martin Buber, Die Erzählungen der Chassidim, Manesse Verlag, Zürich 1949.

Wir haben uns bemüht, die Urheberrechte bei den weiteren im Buch zitierten
Quellen zu überprüfen. Dort, wo es nicht gelang, bitten wir um Verständnis und
entsprechende Mitteilung, damit wir Sie in der nächsten Auflage anführen
können.

JÜDISCHE KÜCHE

Text von Alena Krekulová und Jana Doležalová
Ins Deutsche übertragen von Lieselotte Teltscherová
Fotografien von Antonín Braný, Dana Cabanová und Rudolf Sokol
Illustrationen von Helena Pěkná
Grafische Gestaltung von Věra Běťáková

© 1996 AVENTINUM NAKLADATELSTVÍ, s.r.o., Prag
Deutsche Ausgabe Verlag Werner Dausien

Die Reproduktionen stammen aus dem
Jüdischen Museum in Prag

VERLAG WERNER DAUSIEN · HANAU
ISBN 3-7684-4634-4
3/99/80/52-02

INHALT

EINLEITUNG

In der jüdischen Kultur ist wie bei keiner anderen Weltliches untrennbar mit Heiligem verknüpft. Die festlichen Mahlzeiten sind ein Bestandteil des religiösen Rituals, bei dem jeder Speise eine symbolische Bedeutung zukommt. Besonders klar tritt dies in der Liturgie des Pessachfestes zutage, dessen Höhepunkt sich nicht in der Synagoge abspielt, sondern in einer häuslichen Feier am festlich gedeckten Tisch, bei der die Speisen und Getränke eine ebenso wichtige Rolle spielen wie das gesprochene Wort.

Obwohl die religiöse Auffassung besonders hervorgehoben wird, ist dieses Buch durchaus nicht nur für gläubige Juden bestimmt. Es soll allen, die sich für die jüdische Kultur interessieren, wenigstens eine kleine Vorstellung von der Weisheit und Schönheit einer Welt vermitteln, von der nach den tragischen Geschehnissen unserer jüngsten Geschichte in Europa fast nichts übriggeblieben ist, die aber trotzdem nicht tot ist. Sie ersteht von neuem in den Werken der jüdischen Schriftsteller und in den unzähligen Ritualen und Verhaltensweisen, die bis auf den heutigen Tag überliefert wurden.

Deshalb wurde der Beschreibung der einzelnen Feiertage eine Auswahl von Texten aus der jüdischen Literatur beigefügt. So erfährt der Leser, wie der Sabbat in Sighet, dem Geburtsort von Elie Wiesel, gefeiert wurde oder Purim in der Krochmalna Gasse in Warschau, wo I. B. Singer seine Kindheit verlebte. Er gewinnt einen Einblick in die wundersame Welt der chassidischen Zaddikim und ihrer Schüler, die in ungewöhnlich eindrucksvoller Form von Martin Buber und nach ihm von Jiří Langer geschildert wurde. Die bezaubernden Geschichten von Vojtěch Rakous und Scholem Alejchem vermitteln einen tiefen Einblick in die jüdische Seele und sprühen von typisch jüdischem Humor.

Die Speisen, die bei festlichen Gelegenheiten aufgetragen werden, stammen aus aller Herren Länder. Ihre große Mannigfaltigkeit und reiche Auswahl hängt zweifellos auch damit zusammen, daß sich die jüdische Küche jahrhundertelang unter dem Einfluß der klimatischen Bedingungen und kulinarischen Gewohnheiten der Länder entwickelt hat, in denen die Juden eine neue Heimat fanden. Die ortsüblichen Kochrezepte wurden im Einklang mit den Bestimmungen der rabbinischen Autoritäten ergänzt und umgewandelt. Gleichzeitig hat die jüdische Zubereitungsweise auch einzelne Speisen der nationalen Küchen beeinflußt.

Mit unseren Rezepten bleiben wir in Europa, in dem Teil, der noch vor kurzem die Heimat von Millionen aschkenasischer Juden war. Hierher stammen Schalet, gefillte Fisch, Latkes, Kreplach und viele andere bekannte Gerichte. Sie sind eines der Bande, die uns mit unseren Vorfahren verbinden, und sie bilden einen bedeutsamen Bestandteil unserer nationalen und kulturellen Identität. Es war unser Anliegen, hier wenigstens kurz ihre Geschichte zu erzählen und den Leser mit ihrer Symbolik und den mit ihnen verknüpften Bräuchen und Legenden bekannt zu machen. Für manche Leser wird dies eine nostalgische Rückkehr in die Zeit ihrer Großmütter bedeuten, für andere einen Blick in eine neue, faszinierende Welt.

Schiwiti-Tafel.
Böhmen (Dobříš), 1821

Pessach-Haggada:
Segen über Wein und Speise.
Mähren, 1728

KASCHRUT

כשרות Der Mensch ist das, was er ißt. Diese einfache, aber wesentliche Erkenntnis liegt auch den Vorschriften der jüdischen rituellen Küche zugrunde. In dem Maße, wie die Nahrung zu einem Bestandteil des Körpers wird, übt sie einen direkten Einfluß auf die Psyche aus, die untrennbar mit ihm verbunden ist. Die Kaschrut, das Befolgen der rituellen Speisevorschriften, ist eine Ernährungsweise, die sowohl für den Körper als auch für die Seele bestimmt ist. Gott hat den Menschen beides gegeben, und die Tora lehrt uns, mit diesen Gaben richtig umzugehen. Das Einhalten der Kaschrut fördert die Entwicklung der Harmonie zwischen der Seele und dem Leib, der von einem bloßen Instrument zur Befriedigung der grundlegenden Lebensbedürfnisse, die wir mit den Tieren gemein haben, zu einem würdigen Wohnsitz der Seele wird.

Auf das Essen und die Tischsitten beziehen sich mindestens 50 der 613 göttlichen Gebote. Die Beachtung dieser Weisungen ist ein fester Bestandteil des täglichen Lebens der Juden, ein Band, das ihre Gemeinschaft zusammenhält und das Gefühl der Zusammengehörigkeit und Verbundenheit festigt. Was ist der Sinn dieser komplizierten und auf den ersten Blick kaum verständlichen Gebote, warum sind sie heute ebenso wichtig wie zur Zeit unserer Urväter? Für die Juden ist die Küche nicht nur der Ort, wo die Speisen zubereitet werden, sondern vor allem das geistige Zentrum des Haushaltes, denn das Einhalten der Speisevorschriften stellt einen der Wege dar, die den Alltag heiligen. Durch das Erfüllen der Mizwot, der göttlichen Gebote, wird auch eine so alltägliche und gewöhnliche Tätigkeit wie die Zubereitung und der Genuß der Speisen zum Dienst an Gott erhoben. Die Kaschrut, ebenso wie zahlreiche andere Gebote, die unser tägliches Leben betreffen, soll helfen, den Dualismus von Physischem und Geistigem, Alltäglichem und Geheiligtem zu überbrücken. Deshalb spricht die Bibel in Zusammenhang mit den Grundsätzen der Kaschrut über Heiligkeit und Heiligung. So heißt es im 3. Buch Mose: „Denn ich bin der Herr, euer Gott. Darum sollt ihr euch heiligen, so daß ihr heilig werdet, denn ich bin heilig" (Lev. 11, 44).

Der Talmud vergleicht den jüdischen Haushalt mit einem kleinen Tempel, den gedeckten Tisch mit einem Altar. Auf diesem durfte nur ein Opfer dargebracht werden, das den komplizierten rituellen Vorschriften entsprach. Die Mahlzeit wird zu einer Handlung voll vorborgener Bedeutungen und Symbole. Jede Einzelheit darin hat ihren Platz und ihren Zweck. Jeden Tag waschen sich die Juden auf der ganzen Welt die Hände, bevor sie das Brot brechen, und bestreuen es mit Salz, wie dies einst die Priester im Tempel getan haben. Jeden Tag sprechen sie den Segen über das Brot, jeden Tag beenden sie ihre Mahlzeit mit dem Dankgebet.

Den Grundgeboten der Kaschrut, also der Unterscheidung zwischen reinen und unreinen, für den Genuß zugelassenen oder verbotenen Tieren, der rituellen Schlachtung, der strengen Trennung von Milch- und Fleischprodukten und dem Verbot des Blutgenusses liegt eine tiefe Ehrfurcht vor allen Geschöpfen Gottes zugrunde. Nur Gott darf Leben geben oder nehmen. Und ursprünglich war dies wirklich so. Als Gott den Menschen schuf, sprach er: „Sehet da, ich habe euch gegeben alle Pflanzen, die Samen bringen, auf der ganzen Erde, und alle Bäume mit Früchten, die Samen bringen, zu eurer Speise" (Gen. 1, 29). Die ersten Menschen waren also Vegetarier und blieben es bis zu den Zeiten Noahs und seiner Nachkommen (Gen. 9, 1–4), denen gestattet wurde, sich durch das Töten von Tieren Nahrung zu verschaffen. Dieses Zugeständnis ist ein Ausdruck der Notwendigkeit, Kompromisse zwischen dem Ideal und den realen Lebensbedingungen zu schließen. Doch wie soll der Mensch die Ehrfurcht vor dem Leben bewahren, wenn er berechtigt ist, andere Geschöpfe des Lebens zu berauben? Wie soll er eine

Schlachthaus,
Küche und Speisezimmer.
Spanien, um 1330

sündhafte und verwerfliche Tat zu einer würdigen Handlung erheben, die seine Seele nicht befleckt und den Geboten Gottes nicht zuwiderläuft?

Das Töten von Tieren wurde im Judaismus immer als Zugeständnis Gottes dem Menschen gegenüber aufgefaßt. Deshalb mußte sich der Mensch der Bedeutung einer solchen Tat bewußt sein und die volle Verantwortung dafür übernehmen. Niemals durfte er ohne Grund, zu seinem Vergnügen oder zur Befriedigung seiner aggressiven Triebe töten, sondern nur dann, wenn er das Fleisch für seine Ernährung benötigte. Die Jagd mit der Waffe in der Hand ist streng untersagt, und es ist kein Zufall, daß Nimrod, der mythische Gründer Babylons, im Judaismus zu den Symbolen gehört, die das Böse verkörpern. Aus ähnlichen Gründen verwendeten die Juden beim Fischfang niemals eine Angel, sondern sie fischten mit Netzen.

Den Juden ist nur der Genuß von Tieren erlaubt, die auf rituelle, schmerzlose Weise, durch die Schechita (Schächtung) geschlachtet wurden. Das Fleisch von Tieren, die eines natürlichen Todes starben oder von einem anderen Tier getötet wurden, sowie das Fleisch von kranken Tieren wird nicht als koscher betrachtet. In biblischen Zeiten war den Juden nur der Genuß des Fleisches von Tieren gestattet, von denen ein Teil Gott als Opfer dargebracht worden war. So wurde die unreine Handlung des Schlachtens gereinigt und geweiht, indem sie zu einem Bestandteil des Opferrituals erhoben wurde. Diese Tradition hat sich nicht erhalten, geblieben ist jedoch das Bedürfnis nach einem Reinigungsritual, das eben durch das rituelle Schlachten befriedigt wird. Die Pflicht, die Tiere schmerzlos zu töten, hat zur Entstehung des Berufes eines Schächters geführt, eines Metzgers, der berechtigt ist, Vieh und Geflügel in Übereinstimmung mit den Vorschriften der Kaschrut zu schlachten. Diese anspruchsvolle Arbeit kann nur ein sehr gewandter und erfahrener Mensch verrichten, der ein rechtschaffenes Leben führt und alle Gebote Gottes beachtet.

Im dritten Buch Mose heißt es: „Des Leibes Leben ist im Blut... Darum habe ich den Israeliten gesagt: Keiner unter euch soll Blut essen" (Lev. 17, 11–12). Deshalb darf Fleisch nicht genossen werden, ehe durch das Kaschern alle Blutspuren aus ihm entfernt wurden. Das wohl bekannteste Gebot der Kaschrut, „Du sollst das Böcklein nicht kochen in der Milch seiner Mutter" (Dtn. 14, 21) wurde ursprünglich nicht eingehalten. Aus der Beschreibung des ersten Gastmahls der biblischen Geschichte geht nämlich hervor, daß die drei Engel, die Abraham besuchten, mit Brotfladen und einem Kälbchen

*Rituelle Schächtung –
Schechita. Spanien,
1320–1330*

bewirtet wurden, das man ihnen zusammen mit Milch und Sahne vorsetzte. Im Laufe der Zeit wurde das Gebot, Fleisch- und Milchgerichte streng gesondert zuzubereiten, auch auf ihren Genuß erweitert, so daß Milchspeisen nicht zugleich mit Fleischspeisen verzehrt werden dürfen, sondern erst nach einer bestimmten Zeit.

Im 11. Kapitel des 3. Buches Mose werden die reinen (kosheren) und unreinen (trefe) Tiere aufgezählt. Das Wort kosher bedeutet soviel wie rein, tauglich, geeignet und wird zur Bezeichnung aller für den Verbrauch zugelassener Nahrungsmittel sowie die Art ihrer Zubereitung verwendet. Das Gegenteil von kosher ist trefe (trefa), was wörtlich das Zerrissene bedeutet. Ursprünglich wurde dieser Begriff zur Bezeichnung des Fleisches von kosheren Tieren benutzt, die getötet oder von anderen Tieren zerrissen worden waren oder auf natürliche Weise verendeten. Im weiteren Sinne umfaßt er alle nicht kosheren Nahrungsmittel und Zubereitungsweisen, die den Vorschriften der Kaschrut zuwiderlaufen.

WIE MAN EINEN KOSCHEREN HAUSHALT FÜHRT

Koscher und trefe

Den Vorschriften der Kaschrut entsprechen Wiederkäuer mit vollständig gespaltenen Klauen, also Rinder, Ziegen, Schafe, Hochwild, Gazellen und Antilopen. Auch Geflügel, Gänse, Enten, Hühner, Puten, Fasane, Rebhühner, Wachteln und Tauben werden als koscher betrachtet. Zu den verbotenen Arten gehören Schweine, Esel, Pferde, Kamele, Nagetiere, Fleischfresser, Dickhäuter und im Wasser lebende Säugetiere. Alle Fische, die sowohl Flossen als auch Schuppen aufweisen, dürfen gegessen werden. Nicht koscher sind Hai, Rochen, Stör (auch Kaviar), Aal und Raubfische. Reptilien, Amphibien, Weichtiere, Krustentiere (Austern, Krabben, Krebse) und Insekten mit Ausnahme von vier Heuschreckenarten, die von manchen Juden im Orient bis auf den heutigen Tag gegessen werden, sind gleichfalls verboten.

Fleisch- und Milchgerichte, Parwe

Alle in der jüdischen Küche verwendeten Nahrungsmittel gehören einer der drei Grundkategorien an: Fleischspeisen, Milchgerichte oder Parwe (neutrale Speisen).

Fleischgerichte

Brett zum Kaschern. Mitte des 19. Jahrhunderts, Böhmen

Fleisch und Fleischwaren müssen von rituell geschächteten Tieren kommen. Vor der eigentlichen Zubereitung muß das Fleisch koscher gemacht werden, indem alles Blut entfernt wird. Bezieht man so behandeltes Fleisch nicht schon vom Metzger, muß man es selbst kaschern. Man verfährt dabei folgendermaßen: das Fleisch wird gründlich abgespült und mindestens für eine halbe Stunde in einen Topf mit Wasser gelegt. Dieser Topf darf keinem anderen Zweck dienen. Danach legt man das Fleisch auf ein durchlöchertes Brett, damit das Blut abfließen kann, und bestreut es auf der ganzen Oberfläche mit Salz, das weder zu fein sein darf, damit es sich nicht rasch auflöst, noch zu grob, damit es nicht vom Fleisch abfällt. Das Blut läßt man eine bis zwölf Stunden abfließen. Schließlich wird das Fleisch noch dreimal gründlich unter fließendem Wasser abgespült. Fleischknochen behandelt man ähnlich wie Fleisch, Knochen ohne Fleisch legt man beiseite, damit kein Blut darauf tropft.

Geflügel

Ist das Geflügel nicht ausgenommen, nimmt man vor dem Kaschern alle Innereien heraus und öffnet den Schlund. Der Magen wird gesäubert und vom Herzmuskel wird die Spitze abgeschnitten, damit das gestaute Blut herausfließen kann. Die Leber wird beiseite gelegt und auf andere Weise gekaschert. Mit dem Fleisch, dem Herzen und dem Magen verfährt man ähnlich wie mit anderen Fleischsorten. Findet man im Geflügel ein Ei, schält man die Eihaut ab und macht es vom Fleisch getrennt koscher, damit es nicht mit Blut in Berührung kommt.

Leber kann nicht auf die beschriebene Weise gekaschert werden, weil sie zu viel Blut enthält. Man grillt sie deshalb über dem offenen Feuer. Vor dem Grillen wird die Leber gründlich abgespült, zerschnitten und mit Salz bestreut. Man grillt sie so lange, bis sich die Farbe verändert und die Oberfläche mit einer Kruste bedeckt ist. Erst dann kann sie weiter zubereitet werden.

Milchgerichte

Sie umfassen Milch und alle Milchprodukte. Die Milch muß von einem koscheren Tier kommen. Die Nahrungsmittel dürfen keinerlei nicht koschere Zutaten und kein tierisches Fett enthalten.

Scheidung von Fleisch- und Milchspeisen

Das Gebot der Trennung von Fleisch- und Milchspeisen gilt sowohl für ihren Genuß als auch für ihre Zubereitung. Milch- und fleischhaltige Nahrungsmittel dürfen nicht im selben Gericht enthalten sein. Besonders bei Gebäck und verschiedenen Süßspeisen muß immer genau bedacht werden, aus welchen Bestandteilen sie zubereitet sind, um zu vermeiden, daß Speisen, die Butter oder Milch enthalten, zusammen mit Fleisch gereicht werden. Eine Milchspeise darf erst eine bestimmte Zeit nach dem Genuß einer Fleischspeise gegessen werden. Je nach örtlichem Brauch schwankt diese Zeit zwischen drei und sechs Stunden. Nach einem Milchgericht kann aber sogleich eine Fleischspeise folgen. Es genügt, das Tischgebet zu sprechen, den Mund auszuspülen und das Tischtuch zu wech-

בשר

Kaschern von Küchengeräten. Spanien, Anfang des 14. Jahrhunderts

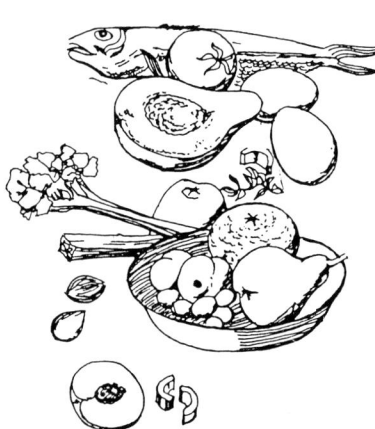

פרווה

seln. Auch in diesem Fall läßt man jedoch gewöhnlich eine halbe bis ganze Stunde zwischen beiden Gängen verstreichen.

In einer koscheren Küche müssen zwei Geschirrsätze vorhanden sein, von denen einer bei der Zubereitung von Fleischspeisen, der andere für Milchspeisen verwendet wird. Meist sind sie in der Farbe unterschiedlich, oder sie werden mit den Buchstaben F und M gekennzeichnet. Es müssen auch getrennte Waschschwämme und Geschirrtücher verwendet werden. Das Geschirr für Milch- und Fleischspeisen darf nicht gleichzeitig abgewaschen werden. Am besten bewähren sich deshalb zwei getrennte Spülbecken. Der Kühlschrank kann für alle Speisen dienen, Milch- und Fleischgerichten muß aber ein fester Platz vorbehalten werden.

Parwe

Als Parwe (Parewa, Parew) werden Nahrungsmittel bezeichnet, die weder zu den Fleisch- noch zu den Milchgerichten gehören. Das sind vor allem koschere Fische, Eier, Obst, Gemüse, Pilze, Getreide, Teigwaren, Hülsenfrüchte, Brot, manche Süßspeisen und Getränke. Nahrungsmittel, die parwa sind, können sowohl in Fleisch- als auch in Milchgerichten verwendet werden, mit Ausnahme von Fisch, der nicht zusammen mit Fleisch gekocht oder gereicht werden darf. Parwe Speisen werden entweder als Fleisch- oder als Milchgerichte betrachtet und zu ihrer Zubereitung das entsprechende Geschirr verwendet. Werden sie ohne andere Speisen gereicht (z.B. Kuchen), gibt es gewöhnlich auch für sie ein eigenes Geschirr.

Obst und Gemüse erfordern keine besondere Behandlung. Man muß sie nur gründlich säubern und untersuchen, ob keine Maden vorhanden sind. Dasselbe gilt für Mehl, Zucker, Salz und Gewürze.

Bei Eiern muß man sich vergewissern, daß sie keinen Keim enthalten, was bedeuten würde, daß sie nicht gegessen werden dürfen.

Wir aßen lange Zeit koscher, vor allem dank den Bemühungen von Frau Julie, einer frommen Katholikin, die in ihrer Jugend bei unserer jüdisch frommen Tante bedienstet war und später bei uns dafür sorgte, daß die Speisevorschriften sowie andere Gebote der jüdischen Religion eingehalten wurden.

In der jüdischen Küche war seit jeher Fisch beliebt, und deshalb stand auf dem koscheren Speisezettel eine ganze Reihe von Fischgerichten, die nach vorzüglichen Rezepten zubereitet wurden. Der Genuß von Fisch war mit der Feier des Sabbats verbunden, deshalb durfte er wenigstens in einem Gang nicht fehlen.

FRANTIŠEK LANGER: *Vzpomínky (Erinnerungen)*

Unzählige Male am Tag wiederholte Joine Meir bei sich die Worte des Rabbiners: „Der Mensch darf nicht barmherziger sein als die Quelle allen Mitleids." Die Tora sagt: „Du sollst alles schlachten von deinen Herden, wie ich dir befohlen habe." Mose wurde am Berg Sinai belehrt, wie sich beim Schlachten und Ausnehmen der Tiere alles Unreine vermeiden läßt. All das ist das tiefste aller Geheimnisse – Leben und Tod, Mensch und Tier. Diejenigen, die nicht erschlagen werden, sterben an verschiedenen Krankheiten und leiden oft

lange Wochen und Monate. Im Wald frißt ein Tier das andere, im Meer verschlingen sich die Fische gegenseitig. Niemand vermag den Leiden dieser Welt zu entrinnen.

Und dennoch fand Joine Meir keinen Trost. Jede Zuckung des Geflügels, das er schlachete, ließ sein Inneres erbeben. Das Töten jedes Tieres, ob groß, ob klein, verursachte ihm solchen Schmerz, als würde er in seine eigene Kehle schneiden. Von allen Strafen, die man über ihn hätte verhängen können, war das Amt des Schächters die schrecklichste.

ISAAC BASHEVIS SINGER: *Der Schächter*

Mein hinkender Großvater war zwar kein Talmudist, die religiösen Vorschriften kannte er aber gut und feierte den Sabbat und alle Festtage. Er und Großmutter hielten noch an der strengen Scheidung von Fleischigem und Milchigem fest, und mein Vater lächelte immer, wenn er davon erzählte. Einmal war er mit Tante Emilie über die Feiertage zu Hause in Slavětín. Die Großeltern waren über das Feld an der Blanice zum Gottesdienst nach Lukavec gegangen. (Seit 1871 gab es dort ein tschechisches Bethaus des Or tomid.)

Der Student Alfred und die junge Emilie brieten ein Huhn. Und sie gaben Butter dazu! Den Eltern sagten sie nichts davon. Erst als Großvater den letzten Knochen abgeknabbert hatte, erfuhren die beiden frommen Heimkehrer, warum es ihnen so gut geschmeckt hatte. Die Kinder, deren Religiosität schon lau war, hatten das Gebot der Trennung von Fleischigem und Milchigem verletzt und noch dazu an einem Feiertag. Und sogleich setzte es eine schallende Ohrfeige.

FRANTIŠEK KAFKA: *Můj kulhavý dědeček (Mein hinkender Großvater)*

Zuerst etwas über dieses liebe Gebot. Es handelt sich um das Gebot des Waschens der Hände. Man verfährt dabei folgendermaßen: In ein Töpfchen gießt man reines Wasser, vorher muß man sich jedoch überzeugen, daß es unversehrt ist. Also gießen Sie das Wasser ja nicht in einen Blumentopf, der hat ein Loch im Boden. Auch der Rand des Töpfchens darf keine Scharte haben, er muß so glatt sein wie das Messer eines Schächters. Man nimmt das Töpfchen in die rechte Hand, aus der rechten Hand gibt man es in die linke und gießt mit der linken Hand die Hälfte des Wassers über die rechte. Dann nimmt man das Töpfchen in die rechte Hand und übergießt die linke mit dem restlichen Wasser. Nun reibt man sich ein wenig die Hände und segnet Gott, „der uns geheiligt durch seine Gebote und uns das Waschen der Hände befohlen hat", worauf man die Hände sorgfältig abwischt. Während der ganzen heiligen Zeremonie hängt einem nämlich ein Handtuch über die linke Schulter. Übrigens trägt ein ordentlicher Chassid nicht nur ein Taschentuch in der Tasche, sondern auch ein Handtuch. Beim Abwischen der Hände soll die linke Hand ständig mit diesem Handtuch bedeckt sein. Das weiß nicht jeder, aber es ist sehr wichtig. Und wenn man sich die Hände so gewaschen und wirklich gründlich und gewissenhaft abgewischt hat, darf man endlich den Segen über das Brot sprechen und zu essen beginnen.

Waschen Sie sich die Hände vor dem Essen nicht vorschriftsmäßig, laufen Sie Gefahr, daß es Ihnen ergeht wie jenem Gast, von dem der Talmund Schreckliches berichtet, was uns zur Warnung dienen sollte. Dieser Mensch kam in ein Gasthaus und bestellte ein Mittagessen. Der Wirt bemerkte, daß sich der Gast nicht die Hände gewaschen hatte, bevor er vom Brot aß, und schloß daraus, er sei kein Jude, sondern ein Grieche oder Aramäer, mit einem Wort, ein Heide. Er setzte ihm deshalb Schweinefleisch mit Kraut vor. Der schreckliche Irrtum kam erst nach dem Essen ans Tageslicht.

Daraus ist zu ersehen, daß jede Sünde eine zweite, noch größere nach sich zieht.

JIŘÍ LANGER: *Devět bran (Neun Tore)*

Modche brachte aus der Kammer einen riesigen zweihenkeligen Topf und eine bis zum Rand mit Mehl gefüllte Strohschüssel. Die Schüssel stellte er auf den Tisch, aber den Topf hielt er unschlüssig in beiden Händen. „Mit dem Topf da weiß ich nicht recht, Josef...", sagte er verlegen.

„Was weißt du nicht?"

„Ich weiß nicht, ob er fleischig oder milchig ist."

„Du wirst doch wohl wissen, was Resi darin kocht?"

„Das weiß ich, Powidel zur Pflaumenzeit. Aber ich weiß nicht, ob Powidel fleischig oder milchig ist. Was meinst du, Josef?"

„Ich meine, das ist gehupft wie gesprungen", erklärte Špánek.

„Übrigens wird sie ja nichts davon wissen."

„Mir geht es nicht so sehr um Resi als um den lieben Herrgott", bekannte Modche.

„Daß du noch an solche Sachen glaubst! Gott erinnert sich alle heiligen Zeiten einmal an Sedletín, und da hat er hier anderes zu tun, als sich um Resis Töpfe zu kümmern."

„Vor Resi würdest du aber nicht so sprechen," wandte Modche ein.

„Oh doch," versicherte Špánek, „und ich würde ihr noch sagen, daß der liebe Hergott auf ihre Töpfe pfeift. Ob der Topf nun milchig ist oder fleischig, stell ihn her und machen wir uns an die Arbeit."

„Es wird aber deine Sünde sein, wenn es nicht der richtige Topf ist", sicherte sich Modche für alle Fälle ab und stellte den Topf auf den Tisch.

VOJTĚCH RAKOUS: *Modche und Resi*

Draperie. Böhmen,
19. Jahrhundert

DER KALENDER

לוח Der jüdische Kalender, Lauch ha-Schana, fußt auf dem Mondzyklus. Da der Mond seinen Umlauf um die Erde in 29,5 Tagen vollendet, besteht das Gemeinjahr aus 12 Monaten, und jeder Monat hat abwechselnd 29 oder 30 Tage. Das ergibt ein Jahr von 354 Tagen.

Die Bibel schreibt vor, daß das Pessachfest im Frühling gefeiert werden muß, deshalb ist es notwendig, das Mondjahr mit dem Sonnenjahr von 365,25 Tagen auszugleichen. Das wird durch das Einfügen eines Schaltmonates, des Adar scheni, siebenmal innerhalb eines Zyklus von 19 Sonnenjahren erreicht.

Eine weitere Berichtigung des Kalenders besteht darin, daß die Monate Cheschwan und Kislew um einen Tag verlängert oder verkürzt werden. Das geschieht, weil der Jom Kippur nicht auf den ersten oder sechsten Tag der Woche und der siebente Tag des Sukkotfestes nicht auf einen Sabbat fallen dürfen.

Jeder Monat beginnt mit dem Neumond. Der Rosch Chodesch (wörtlich das Haupt des Monats) war in biblischen Zeiten ein Festtag, der vor allem durch das Darbringen besonderer Opfer im Tempel gefeiert wurde. Bis zur Kalenderreform in der Mitte des 4. Jahrhunderts u. Z. wurde der Beginn des Monats durch direkte Beobachtung ermittelt. Mindestens zwei Zeugen mußten bestätigen, daß der Mond erschienen war, und aufgrund ihrer Aussage bestimmte dann das Sanhedrin, der Hohe Rat, den Beginn des Monats, von dem das Datum der Feiertage abhängig war. Das genaue Neumonddatum wurde dann von Boten im ganzen Heiligen Land und seiner nächsten Umgebung verkündet. Da die Juden in den entfernteren Ländern der Diaspora Gefahr liefen, das genaue Datum der Feiertage nicht rechtzeitig zu erfahren, hielten sie immer zwei Festtage. Dieser Brauch hat sich bei einigen Feiertagen bis auf den heutigen Tag erhalten, obwohl hierfür längst kein Grund mehr besteht.

Hat der Monat 30 Tage, wird Rosch Chodesch zwei Tage gehalten, am 30. Tag des Monats und am 1. Tag des folgenden. Hat er 29 Tage, wird Rosch Chodesch am ersten Tag des neuen Monats gefeiert.

Als erster Monat des bürgerlichen wie auch des religiösen Kalenders gilt der Nissan, in dem der Auszug der Juden aus Ägypten stattfand. „Dieser Monat soll bei euch der erste Monat sein..." (Ex. 12, 2). Das Neujahrsfest, Rosch ha-Schana, wird an den ersten zwei Tagen des siebenten Monats, Tischri, gefeiert. Von diesem Monat an werden auch die Jahre seit der Erschaffung der Welt gezählt.

Die Monate des jüdischen Kalenders sind: Nissan (30 Tage), Ijjar (29 Tage), Siwan (30 Tage), Tammus (29 Tage), Aw (30 Tage), Elul (29 Tage), Tischri (30 Tage), Cheschwan (29 oder 30 Tage), Kislew (29 oder 30 Tage), Tewet (29 Tage), Schwat (30 Tage) und Adar (29 Tage). In einem Schaltjahr hat der Adar 30 und der Adar scheni 29 Tage.

Nach der jüdischen Zeitrechnung dauert der Tag von einer Dämmerung bis zur nächsten, nach den Worten des ersten Buches Mose: „Da ward aus Abend und Morgen der erste Tag" (Gen. 1, 5). Die Woche hat 7 Tage, die nach ihrer Reihenfolge als „erster Tag" (Jom rischon), „zweiter Tag" (Jom scheni) usw. bezeichnet werden, und endet mit dem siebenten Tag, dem Sabbat.

Die jüdischen Feste lassen sich in zwei Gruppen einteilen: in Feste, die in der Tora angeführt werden, zu denen die Hohen Feiertage und die Wallfahrtsfeste gehören, und in religiöse Feiern und Festtage, die in späteren Zeiten zur Erinnerung an verschiedene historische Ereignisse eingeführt wurden.

Zu den Hohen Feiertagen – Jamim noraim – gehören Rosch ha-Schana, das am ersten und zweiten Tischri gefeiert wird, und Jom Kippur, der auf den zehnten Tag des Monats Tischri fällt. Die Wallfahrtsfeste – Pessach, Schawuot und Sukkot einschließlich Schmini Azeret und Simchat Tora – werden zum Gedenken an wichtige Marksteine der Geschichte Israels

◄

Synagogenuhr. Böhmen (Písek), um 1870

begangen. Darüber hinaus sind sie Ackerbaufeste, die das Einbringen der Ernte feiern. Hebräisch werden sie Schalosch Regalim, drei Zeiten, genannt (Ex. 23, 14). Das Wort Regalim bedeutet außer „Zeiten" auch „Füße", daher die Vorstellung von den Wallfahrtsfesten, festgesetzten Fristen, in denen die Männer Israels an einem bestimmten Ort vor dem Herrn zu erscheinen hatten. In den Zeiten des Tempels kamen an diesen Tagen große Pilgerscharen nach Jerusalem, um an der heiligen Stätte die vorgeschriebenen Opfer darzubringen. In nachbiblischen Zeiten kamen noch Chanukka und Purim, die fröhlichsten Feste des Jahres, hinzu. Beide erinnern an den Sieg der Juden über ihre Feinde.

Zu den historischen religiösen Gedenktagen gehört Lag ba-Omer, der am 18. Ijjar zur Erinnerung an den Aufstand Bar Kochbas gegen die römischen Unterdrücker gefeiert wird. Damals kam die Seuche, die die Schüler des Rabbi Akiba dahinraffte, auf wunderbare Weise zum Stillstand, und deshalb gilt dieser Tag auch als „Fest der Gelehrten". Mit diesem Feiertag ist gleichfalls der Name von Rabbi Simeon Bar Jochai, dem Autor des Sohar verknüpft, der nach der Überlieferung an diesem Tag gestorben ist. In Israel finden bis auf

Kalender. Böhmen,
18. Jahrhundert

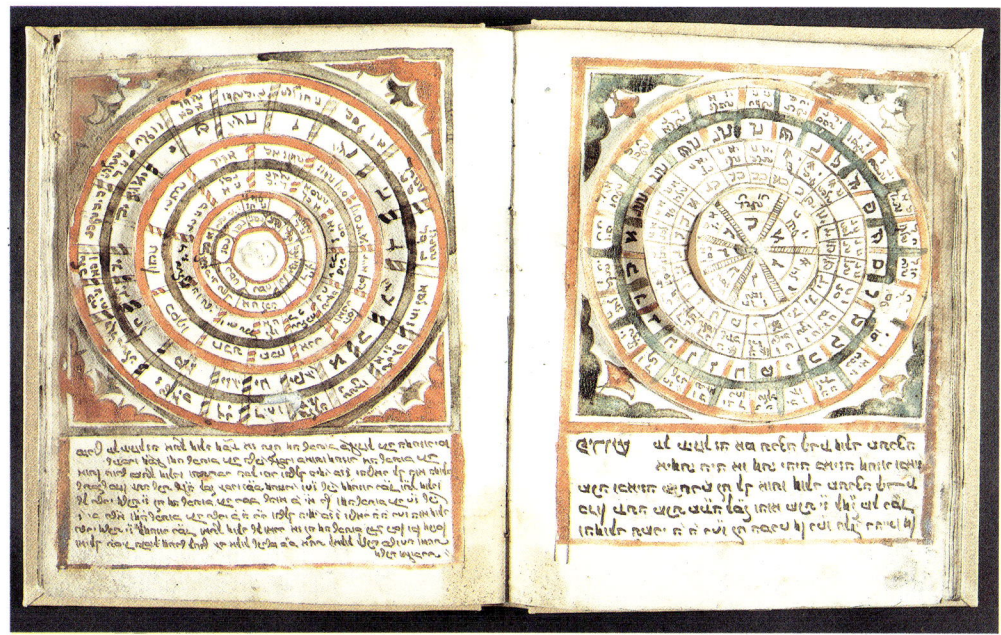

den heutigen Tag alljährlich Wallfahrten zu seinem Grab in Meron statt. Der zweite dieser Feiertage ist Tu bi-Schwat, das Neujahrsfest der Bäume, das am 15. Tag des Monats Schwat zur Feier des Frühlingsbeginns in Israel begangen wird.

Von den Fast- und Trauertagen kommt Tischa be-Aw, dem 9. Aw, die größte Bedeutung zu. Er ist der traurigste Tag des jüdischen Kalenders, der Tag der Zerstörung des ersten und zweiten Tempels und anderer tragischer Ereignisse.

Tierkreis mit hebräischen Monaten

Datum der Festtage:

ROSCH HA-SCHANA (Neujahrsfest)
  1. u. 2. Tischri (Sept.–Okt.)
JOM KIPPUR (Versöhnungstag)
  10. Tischri (Sept.–Okt.)
SUKKOT (Laubhüttenfest)
  15.–21. Tischri (Sept.–Okt.)
SCHMINI AZERET (Fest des achten Tages)
  22. Tischri (Sept.–Okt.)
SIMCHAT TORA (Torafreudenfest)
  23. Tischri (Sept.–Okt.; 22. Tischri in Israel)
CHANUKKA (Tempelweihefest) 8 Tage
  beginnend vom 25. Kislew (Dez.–Jan.)
TU BI-SCHWAT (Neujahrsfest der Bäume)
  15. Schwat (Jan.–Feb.)
PURIM (Losfest) 14. Adar
  (Feb.–März; 15. Adar in Israel)
PESSACH (Überschreitungsfest)
  15.–22. Nissan (März–April)
LAG BA-OMER 18. Ijjar (April–Mai)
SCHAWUOT (Wochenfest) 6. u. 7. Siwan
  (Mai–Juni; 6. Siwan in Israel)
TISCHA BE-AW 9. Aw (Juli–August)

בָּרוּךְ אַתָּה יְיָ אֱלֹהֵינוּ מֶלֶךְ הָעוֹלָם
שֶׁהֶחֱיָנוּ וְקִיְּמָנוּ וְהִגִּיעָנוּ לַזְּמַן הַזֶּה ׀

צוּרַת הַצַּיִד צוּדָה הָאַרְנֶבֶת עִם כְּלָבִים   וְהַיּוֹחֵר תּוֹפְשׂוֹ בְּטַקְבִּיז ׀
וְהָיָה צוֹעֲקַת בְּמַר נֶפֶשׁ מְנוּחָה הַדְּרִיכוּנִי   טוֹן טַקְבִּי יִסְבּוֹנִי ׀

כַּשַׁחַל שְׁבוּעוֹת בְּמוֹצָיֵי שַׁבָּת וַתְחִיל כָּאן

בָּרוּךְ אַתָּה יְיָ אֱלֹהֵינוּ מֶלֶךְ
הָעוֹלָם בּוֹרֵא פְּרִי הַגָּפֶן ׀
בָּרוּךְ אַתָּה יְיָ אֱלֹהֵינוּ מֶלֶךְ
הָעוֹלָם אֲשֶׁר בָּחַר בָּנוּ

DER SABBAT

שבת „Und Gott segnete den siebenten Tag und heiligte ihn, weil er an ihm ruhte von allen seinen Werken, die Gott geschaffen und gemacht hatte" (Gen. 2, 3). „Gedenke des Sabbattages, daß du ihn heiligest", lautet das vierte der zehn Gebote (Ex. 20, 8). So treten wir allwöchentlich aus dem Kreislauf des Alltags heraus, um den Tag der körperlichen Ruhe und geistigen Besinnung zu feiern, eine Insel im Meer der Werktage. Am Sabbat ist jede Arbeit streng untersagt, so auch der Gebrauch des Feuers, das Tragen von Gegenständen, das Schreiben und das Reisen. Eine genaue Aufzählung der verbotenen Arbeiten findet sich im talmudischen Traktat „Schabbat". Das Verbot jeder schöpferischen Arbeit befreit uns aus der Umklammerung der Umwelt. Einen Tag in der Woche hören wir auf, die Welt beherrschen und verändern zu wollen, verzichten wissentlich darauf, sie zu kontrollieren, und ergeben uns in den Willen Gottes. Ruhe bedeutet jedoch nicht Untätigkeit. Oneg Schabbat, die Freude am Sabbat, das sind die drei festlichen Sabbatmahlzeiten (Seudot), die feiertägliche Kleidung, das Reinigungsbad in der Mikwe, das Anzünden der Sabbatkerzen, der Kiddusch (Segen) über den Wein und vor allem ausreichend Zeit für das Studium der Tora. Nach der talmudischen Überlieferung erhält jeder Jude am Sabbat eine zusätzliche Seele, und diese Sabbatseele ermöglicht es ihm, die Tora mit mehr Verständnis zu lesen als zu anderen Zeiten. Am Sabbat vergißt er seine Sorgen und die Last des Alltags und entledigt sich seiner gewohnten Denkweise, die ihn einschränkt und vom Wesentlichen abbringt. Er wird für eine Weile in eine andere Welt versetzt.

Es ist Freitag nachmittag und die Vorbereitungen für den Sabbat erreichen ihren Höhepunkt. Bis zum letzten Augenblick herrscht Erregung und Eile. Endlich ist alles eingekauft

◄

*Sabbatlieder
und -segenssprüche.
Böhmen (Prag), 1514*

*Sabbatlieder
und -segenssprüche.
Böhmen (Prag), 1514*

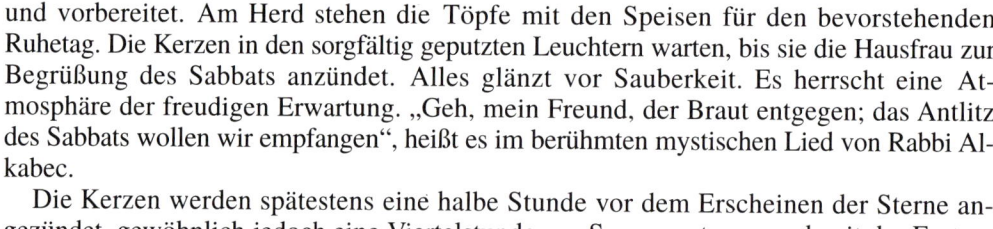

*Was am Sabbat
auf jeden Tisch
gehört*

und vorbereitet. Am Herd stehen die Töpfe mit den Speisen für den bevorstehenden Ruhetag. Die Kerzen in den sorgfältig geputzten Leuchtern warten, bis sie die Hausfrau zur Begrüßung des Sabbats anzündet. Alles glänzt vor Sauberkeit. Es herrscht eine Atmosphäre der freudigen Erwartung. „Geh, mein Freund, der Braut entgegen; das Antlitz des Sabbats wollen wir empfangen", heißt es im berühmten mystischen Lied von Rabbi Alkabec.

Die Kerzen werden spätestens eine halbe Stunde vor dem Erscheinen der Sterne angezündet, gewöhnlich jedoch eine Viertelstunde vor Sonnenuntergang, damit der Festtag auf Kosten des Wochentags um ein Stückchen verlängert wird. Es werden mindestens zwei Kerzen angezündet. Diese Zahl entspricht den zwei Worten, mit denen uns die Tora befiehlt, den Sabbat zu feiern, nämlich „gedenke" und „halte" (Ex. 20, 8, Dtn. 5, 12). Meist hat jedes Kind in der Familie seine eigene Sabbatkerze. Nach dem Anzünden hebt die Frau die Hände gegen die Lichter und verdeckt die Augen. Dann spricht sie mit leiser Stimme den Segen und betet für das Wohl ihrer Familie. Dieses Ritual wurzelt in den ältesten biblischen Zeiten. Schon die Stammutter Sara entzündete die Sabbatlichter, und das Zelt, das sie mit Abraham teilte, blieb bis zum Beginn des nächsten Sabbats erleuchtet. Nach ihrem Tod verlosch das Licht und erschien erst wieder, als Rebekka, die Frau Isaaks, begann, die Sabbatlichter anzuzünden.

„Schabbat Schalom, Schabbat Schalom!" grüßen sich Mütter und Kinder. „Schabbat Schalom!" antworten die Väter bei ihrer Rückkehr aus der Synagoge. Der Tisch ist festlich gedeckt, die häusliche Feier kann nun bald beginnen. Auf dem gestärkten, schneeweißen Tischtuch liegen unter einem gestickten Tuch zwei Sabbatbrote, Challot, daneben steht ein Becher für den Weinsegen. Auch ein Brotmesser und ein Salzstreuer sind vorhanden. Befreit vom Druck des Alltags versammelt sich die Familie zur ersten Sabbatmahlzeit um den Tisch. Der Vater segnet die Kinder und ehrt seine Frau mit einem Lied aus dem Buch der Sprüche: „Wem eine tüchtige Frau beschert ist, die ist viel edler als die köstlichsten Perlen. Ihres Mannes Herz darf sich auf sie verlassen, und Nahrung wird ihm nicht mangeln"

Hymnen und Psalmen.
Mähren, 1813

Buch der Segenssprüche.
Böhmen (Prag), 1514

(Sprüche 31, 10–11). Dann hebt er den Becher hoch und spricht den Segen über den Wein: „Gepriesen seist Du, Ewiger, unser Gott, König der Welt, der die Frucht des Weinstocks erschaffen." Alle Tischgenossen trinken aus diesem Becher, dann folgen das rituelle Waschen der Hände und der Segen über das Brot: „Gepriesen seist Du, Ewiger, unser Gott, König der Welt, der das Brot aus der Erde hervorbringt", sagt der Vater und reicht jedem der Anwesenden ein Stück mit Salz bestreute Challa.

Wein und Brot wurden schon in biblischen Zeiten als Symbole für die Gaben der Erde betrachtet und spielten eine wichtige Rolle im Tempelgottesdienst. Sie haben ihren festen Platz auch auf dem Sabbattisch, der einen Miniatur-Tempelaltar darstellt. Der Wein

Tuch zum Bedecken der
Challot. Böhmen,
2. Hälfte des 19. Jahrhunderts

Abendessen am Sabbat

vertreibt die Trauer aus dem Herzen und erfreut die Seele. Die Speise stärkt nicht nur den Körper, sondern auch den Geist, und für den Sabbat gilt dies doppelt. Die Sabbatmahlzeit dauert lange, niemand eilt.

Bei Tisch wird lebhaft diskutiert, aber womöglich nicht über weltliche Angelegenheiten. Man erörtert die Toraabschnitte, die in der vergangenen Woche und am Sabbat verlesen wurden, erklärt die Gebote und Festbräuche und gedenkt der großen Gestalten der jüdischen Geschichte. Die Kinder fragen und die Erwachsenen antworten. Es wird auch viel gesungen. Es gibt einen geradezu unerschöpflichen Vorrat an Sabbatliedern, Semirot. Ihre Texte sind Stellen aus den Psalmen, aus dem Gebetbuch und vielen anderen religiösen Schriften.

Der Morgengottesdienst beginnt später als an Werktagen. Er erreicht seinen Höhepunkt mit dem Vorlesen der Sidra, des einschlägigen Wochenabschnitts der Tora, auf die meist die Drascha, die Festpredigt des Rabbiners, Bezug nimmt. Nach dem Gottesdienst kehren die Gläubigen heim zum Mittagessen. Es muß nicht gekocht werden, man nimmt nur den Topf mit dem warmen, duftenden Schalet aus der Röhre. Das ist das traditionelle Sabbatgericht aus Bohnen oder Erbsen mit Graupen und Gänse- oder Putenfleisch. Dann wartet der ganze lange Nachmittag. Manche Menschen bleiben lieber zu Hause und ruhen oder studieren. Andere ziehen gesellige Unterhaltung im Freundeskreis vor. Am späten Nachmittag ver-

Kidduschbecher. Böhmen,
2. Hälfte des 19. Jahrhunderts

sammeln sich die Gläubigen wieder in der Synagoge, um das Nachmittagsgebet, Mincha, zu sprechen. Dann wird die dritte Mahlzeit (Seuda schlischit) eingenommen. Sie ist nicht so ausgiebig wie die beiden vorhergehenden, aber nicht weniger feierlich und darf nicht ausgelassen werden, denn nach dem Talmud (Schabbat, 118 A) wird derjenige, der das Gebot der drei Sabbatmahlzeiten einhält, im Jenseits reich belohnt werden.

Langsam wird es dunkel, der Sabbat geht seinem Ende zu. Sobald die ersten drei Sterne am Himmel erscheinen, wird schon das Maariw (Abendgebet) für den Wochentag gesprochen. „Gott gebe dir vom himmlischen Tau", so beginnt der letzte Teil des Gottesdienstes am Sabbatausgang, Mozae Schabbat. Eine Stunde nach Sonnenuntergang nimmt man mit einer schönen Zeremonie, der Hawdala, vom Sabbat Abschied. Hawdala bedeutet Unterscheidung. Sie soll den Festtag von den Werktagen trennen. Für die Hawdala braucht man eine besondere Kerze, die aus einigen Strängen geflochten ist. Sie hat mehrere Dochte, deren Flammen sich zu einem einzigen, großen Licht vereinigen. Die Ehre, diese Fackel zu halten, fällt dem jüngsten Jungen in der Familie zu. „Siehe, Gott ist meine Rettung, ihm vertraue ich und fürchte mich nicht..., ich erhebe den Becher des Heils und rufe den Namen des Ewigen an", betet der Vater, dann spricht er drei Segen, über den Wein, die wohlriechenden Gewürze und die Flamme der Hawdala-Kerze. Nach der Tradition soll der Duft des Gewürzes – meist sind es Nelken – ein Trost dafür sein, daß uns die Sabbatseele verläßt. Die Hawdala-Kerze ist das erste Licht, das man nach dem Sabbat anzünden darf. Es symbolisiert den ersten Akt der Schöpfung, die Worte des Herrn „Es werde Licht". Dann nimmt der Vater den Weinbecher und die Kerze und sagt: „Gepriesen seist du, Ewiger, unser Gott, König der Welt, der unterscheidet zwischen Heiligem und Profanem, zwischen Licht und Finsternis, zwischen Israel und den Völkern, zwischen dem siebenten Tag und den sechs Werktagen!" Dann löscht er mit dem Rest des Weines die Kerze. „Schawua tow", gute Woche, wünscht man sich gegenseitig. Der Sabbat ist zu Ende.

Kidduschbecher. Böhmen,
2. Hälfte des 19. Jahrhunderts

Teller. Palästina,
frühes 20. Jahrhundert

Hawdala-Leuchter.
Böhmen (Prag),
1820

Gewürzbüchse. Slowakei,
Ende des 18. Jahrhunderts

Gewürzbüchse. Böhmen,
Ende des 18. Jahrhunderts

▶

Hawdalafest

Hawdala. Spanien,
1350–1360

Von Perle, der Frau des Berditschewers, ist ein Gebet überliefert. Wenn sie die Sabbatbrote knetete und buk, pflegte sie zu beten: „Herr der Welt, ich bitte dich, hilf mir, daß mein Levi Jizchak, wenn er am Sabbat über diese Brote den Segen spricht, dasselbe im Sinn habe wie ich in dieser Stunde, da ich sie knete und backe!"

MARTIN BUBER: *Die Erzählungen der Chassidim*

Sighet. Eine rumänische, ungarische, österreichische Provinzstadt. Es hat die türkische, russische und deutsche Besetzung durchgemacht, alle Völker dieses Teils der Welt hätten es gern besessen. Ungeachtet der zahlreichen Sprachen, die man hier vernehmen konnte, und trotz der unterschiedlichen Regierungen, die aufeinanderfolgten, war es eine typisch jüdische Stadt, wie es ihrer Hunderte, ja Tausende zwischen den Karpaten und dem Dnepr gab. In Anbetracht der jüdischen Mehrheit reinigte sie sich vor Jom Kippur, fastete und beklagte die Zerstörung des Tempels am Tischa be-Aw, jubelte und berauschte sich am Torafreudenfest. Wer am Samstag in eine der Gassen trat, konnte die Anwesenheit des Sabbats in der Luft spüren. Geschlossene Läden, die Marktplätze wie ausgestorben, die Amtslokale leer. Für die Juden wie für ihre christlichen Nachbarn war es ein Tag der vollkommenen Ruhe. Die Alten gingen in die Lehrhäuser, um den Worten eines Wanderpredigers zu lauschen, die Jungen spazierten im Park, im Wald oder am Fluß umher. Kummer und Sorgen konnten warten, der Samstag war ein Zufluchtsort in der Zeit.

Aber schon Freitag nachmittag, am Vorabend des Sabbats spürte man sein Nahen. Die Männer besuchten das Ritualbad, um ihn begrüßen zu können. Die Frauen putzten das Haus, scheuerten die Fußböden, kochten eilig und zogen ihre schönsten Kleider an. Nach der Rückkehr aus der Schule trugen die Jungen das Hohelied vor. Später ertönte aus allen Häusern im gleichen Augenblick der gleiche Gesang: Schalom alechem Malache ha-Schalom – Friede grüß euch fein, Friedensboten Sein...

Rabbiner und ungebildete Menschen, reiche Großhändler und Dienstleute, Arbeitgeber und Arbeitnehmer, alle begrüßten den Sabbatengel mit denselben Worten, die die gleiche Dankbarkeit ausdrückten.

„Wer sind die Engel?" fragte ich einmal meinen Großvater, dessen freudige Wyżnitzer Gesänge mit ihrer hinreißenden Melodie mich erregten.

Statt einer Antwort beugte er sich über mich und flüsterte mir ein Geheimnis ins Ohr, das ich bis heute bewahre: „Lieber Junge, die Engel, das sind wir alle, wir, die wir hier ergeben und versöhnt um den weißgedeckten Tisch versammelt sind, der sich in einen Altar verwandelt hat. Du, ich, alle Tischgenossen. Gerade darin liegt die Macht des Sabbats: durch seine Wirkkraft soll der Mensch zu einem immer vollkommeneren Menschen werden."

In diesem Augenblick vernahm ich das Geräusch göttlicher Flügel über mir, das kann ich beschwören. Und während der ganzen Zeit, seit wir voneinander getrennt sind, Großvater, habe ich nie wieder Engel gesehen, das schwöre ich dir auch. Ich glaube, Großvater, sie sind in unserer Stadt geblieben, in den Bergen versteckt, ebenso unsichtbar wie du und ich, wie wir alle.

ELIE WIESEL: *Rückkehr nach Sighet*

Bei der dritten Sabbatmahlzeit, dem traulichen und heiligen Gemeinschaftsmahl, saßen die Chassidim an Rabbi Wolfs Tisch, ihr Gespräch nur leise und mit verhaltenen Gebärden fortspinnend, um den in Sinnen versunkenen Zaddik nicht zu stören. Es war aber der Wille Rabbi Wolfs und der Brauch im Haus, daß jedermann jederzeit eintreten und sich an seinem Tisch niederlassen durfte. So kam auch jetzt ein Mann und setzte sich zu den anderen, die ihm Platz machten, wiewohl ihnen seine derben Sitten bekannt waren. Nach einer Weile zog er einen großen Rettich aus der Tasche, schnitzelte sich einen Haufen mundgerechter Stücke zusammen und begann sie schmatzend zu verzehren. Nun konnten seine Nachbarn ihre Erbosung nicht länger niederhalten. „Du gefräßiger Kerl", fuhren sie ihn an, „wie wagst du 's, mit deinen Schankhausmanieren die erhabene Tafel zu beleidigen?" Obgleich sie sich mühten, ihre Stimmen zu dämpfen, merkte der Zaddik, was vorging. „Ich habe ein Verlangen", sagte er, „nach einem guten Rettich. Könnte wohl jemand von euch mir einen verschaffen?" Jäh ergriffen von einer Freude, die seine Beschämung überströmte und begrub, reichte der Retticchesser eine Handvoll Schnitzel Rabbi Wolf hinüber.

MARTIN BUBER: *Chassidische Geschichten*

Einem, der den Sabbat unwissentlich entweiht hatte, weil sein Wagen gestürzt war und er, wiewohl in gewaltsamem Laufschritt, die Stadt nicht vor dem Anbruch der heiligen Frist erreichte, erlegte der junge Rabbi Michal eine harte und lange Kasteiung als Buße auf. Der Mann hielt sich mit aller Kraft dazu, das Vorgeschriebene zu erfüllen, merkte aber bald, daß sein Leib nicht standhielt, sondern zu kränkeln und nun auch das Gemüt zu schwächen begann. Da erfuhr er, daß der Baalschem durch die Gegend reise und sich in einem nahen Ort aufhalte; er ging hin, faßte sich ein Herz und bat den Meister, ihm für die Sünde, die er begangen habe, eine Lösung aufzuerlegen. „Trag ein Pfund Kerzen ins Bethaus", sagte der Baalschem, „und laß sie zum Sabbat anzünden. Das ist deine Lösung." Jener meinte, sein Bericht habe nur halbes Gehör gefunden, und wiederholte sein Anliegen auf das eindringlichste. Als der Baalschem aber auf dem unbegreiflich milden Urteil beharrte, erzählte ihm der Mann, welch schwere Buße über ihn verhängt worden war. „Tu nur, was ich dir sage", antwortete der Meister, „dem Rabbi Michal aber überbringe, er möge in die Stadt Chwostow kommen, wo ich den nächsten Sabbat halten will." Aufgehellten Angesichts nahm der Bittsteller Abschied.

Dem nach Chwostow fahrenden Rabbi Michal brach unterwegs ein Wagenrad, und er mußte zu Fuß weiter. So sehr er sich beeilte, es dunkelte schon, als er die Stadt betrat, und als er die Schwelle des Baalschem überschritt, sah er ihn schon erhoben, die Hand am Becher, um den Segen über den Wein zum Eingeleit des Ruhetags zu sprechen. Der Meister unterbrach die Handlung und redete den erstarrt Dastehenden an: „Gut Sabbat, Sündloser! Hattest das Leid des Sünders nicht geschmeckt, trugst niemals ein verzagtes Herz in dir – so war deine Hand leicht, Buße auszuteilen. Gut Sabbat, Sündiger!"

MARTIN BUBER: *Die Erzählungen der Chassidim*

Für einen frommen Juden bedeutete Gottes Gebot, die Sabbatruhe streng einzuhalten, nicht die Erfüllung einer auferlegten Pflicht, sondern ein schönes Geschenk des Himmels, das er jede Woche sehnlich erwartete und für das er dem Herrn in seinen Gebeten dankte. Gibt er sich doch am Sabbat der vollkommenen Ruhe hin, arbeitet, raucht und rasiert sich nicht, geht nicht ins Wirtshaus und sucht keine Un-

terhaltungen auf. Er verkauft nichts und kauft auch nichts ein, denn er darf am Sabbat kein Geld berühren. Er betet, ißt besser als an Werktagen und gönnt sich nach dem Mittagessen ein kurzes, aber süßes Schläfchen. Der Sabbat ist ein Tag der Ruhe und des Friedens. Auch in Familien, wo man sonst nicht in vollkommener Eintracht lebt, werden am Sabbat zumindest die Feindseligkeiten eingestellt.

E. KATZ: *Vzpomínky (Erinnerungen)*

Am Freitag wurden alle Speisen für den Samstag gekocht, am Sabbat ruhte man. Im Gemeindehaus (in der Synagoge) stand ein Backofen, wo das sogenannte Schalet, Graupen mit Erbsen, gekocht wurde. Befand sich noch ein Stück Gänsefleisch im Topf, ergab das ein unvergleichliches Gericht. Am Samstag mittags wurde der Backofen geöffnet und jeder trug seinen Topf mit dem warmen Schalet nach Hause...

Kein Wunder, daß wir uns auf den Freitag freuten. Da

kam der Vater zwei Stunden früher nach Hause. Er bereitete die sechsarmige Hängelampe vor, fertigte Dochte aus Watte an und goß Öl ein. Alle wuschen sich, uns kleinere Kinder wusch die Mutter. Wir Männer zogen uns dann festlich an und gingen in die Synagoge. Nach dem Gottesdienst segnete der Vater alle, die zu Hause waren. Er legte uns dabei beide Hände auf den Kopf und sagte einen hebräischen Segensspruch.

SIMON WELS: *U Bernátů (Bei Bernáts)*

Am Freitag abend ging ich in Strakonice gern in die Synagoge. Die wohlklingende Stimme des Kantors Menkes begrüßte den Sabbat mit der althergebrachten Melodie des Lecha Dodi. Auch die anderen Gebete wurden immer in derselben Weise gesungen. Es war alter Brauch, daß der gütige Schammes Popper uns Jungen nachher vom Wein zu kosten gab. Wir durften aber nur einen Schluck trinken, sonst traf uns sein strafender Blick. Zu Hause begann das Abendessen mit dem Segen über die Barches, die süßlich schmeckten und mit Mohn bestreut waren. Es waren zwei Barches vorhanden, ein „erwachsenes" und ein „junges", das ich mir jedesmal anzueignen versuchte, jedoch nicht immer mit Erfolg. Zum Essen gab es regelmäßig Nudelsuppe und einen ausgezeichneten Kalbsbraten...

Am Samstag gaben wir uns nach Beendigung des Gottes-

dienstes der volkommenen Ruhe hin und unsere Seelen waren von tiefem Frieden erfüllt. So rüsteten sich unsere Hausierer, deren Beruf schon allmählich zu schwinden begann, und auch die anderen Gläubigen für die kommende, von Arbeit, Sorgen und Zurücksetzungen erfüllte Woche. Wenn der erste Stern am Himmel erschien, wurde die aus verschiedenfarbigen dünnen Strängen geflochtene Hawdala-Kerze angezündet. Man nahm Abschied vom Sabbat. Während die in einige Tropfen Wein getauchte Kerze verlosch und die Gläubigen am Nelkengewürz rochen und sich an seinem stärkenden Duft labten, stahl sich ein Engel in den Raum und nahm dem Juden, der sein Gebet beendete, die Sabbatkrone ab, die er ihm am Freitag abend beim Eintritt in die Synagoge ebenso unsichtbar und geheimnisvoll aufs Haupt gesetzt hatte. - Es war wieder Alltag.

KAREL LAMBERK: *Memoáry (Memoiren)*

Hängeleuchter. Ushgorod, 19. Jahrhundert

DIE CHALLA (BARCHES)

Keine Festmahlzeit (natürlich mit Ausnahme von Pessach) kann beginnen, wenn nicht zwei Challot auf dem festlich gedeckten Tisch liegen. Der Segen, den der Vater vor dem Essen über die Challa und den Wein spricht, gehört zu den schönsten religiösen Handlungen. Segen heißt hebräisch Bracha, und von diesem Wort ist der Ausdruck Barches abgeleitet, mit dem die Aschkenasim ihr Festbrot bezeichnen. Die beiden Challot versinnbildlichen die doppelte Menge Manna, die Gott den Israeliten nach dem Auszug aus Ägypten in der Wüste jeden Freitag sandte, damit sie das „himmlische Brot" nicht am Samstag sammeln mußten (Ex. 16, 22–30). Das Manna blieb ständig frisch, denn es war mit Tau bedeckt, der vom Himmel fiel. Zur Erinnerung an dieses Wunder wird unser irdisches Manna zwischen zwei Servietten gelegt. Aus der Bibel erfahren wir, daß das Manna weißen Mohnsamen ähnelte, deshalb bestreuen manche Hausfrauen die Challot mit Mohn. Nach dem Kiddusch hebt der Vater beide Challot hoch und spricht den vorgeschriebenen Segen über sie. Dann schneidet er den weiter rechts liegenden Laib an und reicht jedem Anwesenden ein kleines Stück. Das wird während des ganzen Jahres in Salz getaucht, nur zu Rosch ha-Schana in Honig, damit das kommende Jahr gut und süß ist. Challot werden in verschiedenen Formen und Größen gebacken, von kleinen Laiben, die kaum ein halbes Pfund wiegen, bis zu großen Broten von 1 kg Gewicht. Die traditionelle Challa ist aus sechs oder zwölf Teigstücken geflochten. Im Mischkan, dem beweglichen Heiligtum, in dem der Gottesdienst in der Wüste abgehalten wurde, befand sich neben dem Schrein für die Gesetzestafeln, zwei Altären und einem Leuchter auch ein Tisch mit zwölf kleinen, offenen Regalen, in die zwölf Brote gelegt wurden, als Symbol der zwölf Stämme Israels. Jeden Freitag buken die Kohanim, die Priester, die den Gottesdienst im Mischkan verrichteten, zwölf frische Brote, mit denen sie diejenigen aus der vergangenen Woche ersetzten. Obwohl diese die ganze Woche auf den Regalen gelegen hatten, waren sie weich und warm, als wären sie frisch gebacken.

Die Challa für Rosch ha-Schana ist rund. Sie versinnbildlicht die Kontinuität ohne Anfang und Ende, denn gerade zu dieser Zeit betet man um die Fortdauer des Lebens. Der Challa für den Vorabend von Jom Kippur gibt man die Form einer Leiter, zweier Flügel oder einer ausgestreckten Hand, damit unsere Gebete und die während des Jahres vollbrachten guten Taten zum Himmel aufsteigen und gnädig angenommen werden.

Mit dem Backen der Challa ist ein sehr wichtiges symbolisches Ritual verbunden, das auf den Tempelgottesdienst zurückzuführen ist. In der Tora heißt es: „Als Erstling eures Teigs sollt ihr einen Kuchen als Opfergabe darbringen." (Num. 15, 20). In biblischen Zeiten kam man diesem Gebot nach, indem man ein Stück Teig abteilte und dem Priester überreichte. Seit der Zerstörung des Tempels wird es nur symbolisch erfüllt. Wiegt der Teig mehr als 1,66 kg, wird ein Stück, das Challa genannt wird, davon abgesondert und verbrannt. Das Abteilen der Challa ist eines der drei Gebote, deren Beachtung das Vorrecht und die Pflicht der jüdischen Frauen ist.

Bei der Verwendung von Mehl – nicht nur in diesem Kapitel – wird in den Rezepten oft „griffiges" oder „halbgriffiges" Mehl angegeben. Es handelt sich um grob gemahlene Mehlsorten aus besonders harten Weizenkörnern. Steht solches Mehl nicht zur Verfügung, kann es durch Vermischen von glattem Mehl mit etwas feinem Grieß ersetzt werden.

Flechten einer Challa aus drei Teigstreifen

CHALLA (BARCHES)

2 Stück

3–5¹/₂ Tassen halbgriffiges Mehl

1¹/₃ Tassen warmes Wasser

1 Löffel Zucker

1 Löffel Salz

45 g Hefe

3 Löffel zerlassene, ausgekühlte Butter oder 3 Löffel Öl

3 verquirlte Eier

1 Eigelb, mit Wasser verquirlt

Mohn zum Bestreuen

Hefe in warmem Wasser zerbröckeln, Zucker zugeben und kurze Zeit an warmer Stelle stehen lassen. Inzwischen in einer Schüssel 2 Tassen Mehl, Salz, Eier und Fett verrühren. Das Hefestück zufügen und nach und nach so viel Mehl zugeben, daß man einen festen Teig zubereiten kann. Den Teig auf ein mit Mehl bestreutes Brett legen und etwa 10 Minutes kneten, dann in einer stark gefetteten Schüssel wenden, bis er auf allen Seiten fett ist. Mit einem Tuch zudecken und an warmer Stelle so lange gehen lassen, bis sich sein Umfang verdoppelt hat (1–2 Stunden). Noch eine Weile kneten und dann die Challot flechten. Es gibt mehrere Flechtweisen, z.B.: den Teig in 6 gleiche Teile schneiden. Aus jedem Stück auf dem Brett eine Rolle von etwa 3 cm Durchmesser formen und 2 Challot aus je 3 Rollen flechten. Challot minde- stens 15 cm voneinander entfernt auf ein gefettetes Backblech legen und an warmer Stelle noch etwa 10 Minuten gehen lassen. Eigelb mit etwas Wasser verquirlen, damit die Challot bestreichen und 35–45 Minuten in der vorgeheizten Röhre bei 200°C backen.

GEHACKTE LEBER

für 3–6 Personen

450 g Hühner-, Kalbs- oder
  Rindsleber
2 feingehackte Zwiebeln
3 Löffel Geflügelschmalz
2 hartgekochte Eier
1 Teelöffel Salz
1/2 Teelöffel Pfeffer
3 Löffel Pflanzenfett oder Öl

Zwiebeln in Pflanzenfett oder Öl bräunen, herausnehmen und auf dem restlichen Fett die gekascherte Leber etwa 5 Minuten anbraten. Geröstete Zwiebeln mit

Leber und Eiern durch den Fleischwolf drehen und in einer Schüssel mit Geflügelschmalz, Salz und Pfeffer verrühren. Vor dem Servieren für 2 Stunden kalt stellen.

GEPICKELTE HERING (MARINIERTE SALZHERINGE)

für 6 Personen

3 große Salzheringe
4 Zwiebeln, in dünne Ringe
  geschnitten
½ Tasse Essig

¾ Tasse Wasser
4–6 Gewürzkörner
  (Piment)
2 Lorbeerblätter
2 Nelken
¾ Tasse saure Sahne
2 Teelöffel Zucker

Heringe mindestens
12 Stunden wässern, dann
noch in kaltem Wasser

auswaschen, die Haut
abziehen, entgräten und in
etwa 5 cm lange Stücke
schneiden. Abwechseld
Fischstücke und Zwiebel-
ringe in ein verschließ-
bares Gefäß einschichten.
Essig, Wasser, Zucker und
Gewürze durchkochen,
auskühlen lassen und über
die Heringe gießen. Das

Gefäß verschließen,
einigemal durchschütteln
und für 48 Stunden kalt
stellen.
Vor dem Servieren
Heringe mit Zwiebeln auf
einer Schüssel anrichten,
saure Sahne mit etwas
Marinade vermengen und
über die Heringe gießen.

GEHACKTE HERINGE

für 8 Personen

3 große Heringe
3 Löffel feingehackte
  Zwiebeln
1 mittelgroßer Apfel, klein
  geschnitten
2 hartgekochte Eier
2 Löffel Essig

3 Weißbrotschnitten ohne
  Rinde
1 Teelöffel Zucker
2 Löffel Öl
schwarze Oliven und
  Schalotten zum Verzieren

Gewässerte, entgrätete und
geputzte Heringe mit
Apfelstücken, Zwiebeln
und Eiern durch den
Fleischwolf drehen. Brot
in Wasser einweichen,
ausdrücken, zu den Herin-

gen geben und alles gut
mit Zucker, Öl und Essig
verrühren. Für 3 Stunden
kalt stellen und vor dem
Servieren mit schwarzen
Oliven und gehackten
Schalotten verzieren.

HERINGS-SALAT I

für 6 Personen

2 große Salzheringe, über
  Nacht gewässert
2 mittelgroße Kartoffeln,
  gekocht und in Würfel
  geschnitten
2 Äpfel, geschält und in
  Würfel geschnitten
4 Löffel Essig

1 große saure Gurke, in
  Würfel geschnitten
1 Löffel feingehackte
  Zwiebel
1 Teelöffel Zucker
½ Tasse Mayonnaise
½ Tasse saure Sahne
1 Löffel Petersilie oder
  Dill, gewiegt
Pfeffer

Salatblätter zum
  Anrichten
schwarze Oliven
  und Tomaten zum
  Verzieren

Gewässerte, geputzte und
entgrätete Heringe in
1,5 cm lange Stücke
schneiden. Mit den gewür-
felten Äpfeln, Kartoffeln,

Gurken und Zwiebeln
vermengen. Zucker,
Mayonnaise, Sahne, Essig
und Pfeffer zugeben und
alles gut verrühren. Zum
Schluß Petersilie oder Dill
leicht untermischen. Auf
mit schwarzen Oliven und
Tomatenscheiben
verzierten Salatblättern
servieren.

HERINGS-SALAT II

für 6 Personen

2 Heringe, über Nacht
  gewässert, geputzt und
  entgrätet
2 kleine Zwiebeln, in dünne
  Scheiben geschnitten
3 Tomaten, in Achtel
  geschnitten

2 grüne Paprikaschoten, in
  Würfel geschnitten
1 Tasse Kopfsalat,
  feinstreifig geschnitten
3 Löffel Essig
3 Löffel Öl
1 Teelöffel Zucker
¼ Teelöffel edelsüßer
  Paprika
¼ Teelöffel Pfeffer

Die in 1,5 cm lange Stücke
geschnittenen Heringe,
Kopfsalat und restliches
Gemüse in eine große
Schüssel geben. Essig, Öl,
Zucker, Pfeffer und Papri-
ka gut vermischen und den
Salat damit übergießen.
Verrühren und für eine
Stunde kalt stellen.

*Von oben im Uhrzeigersinn:
marinierte Heringe,
Heringssalat II, gehackte
Heringe, Heringssalat I*

GOLDENE JOICH (GOLDENE SUPPE)

für 8 Personen

1 Henne (1,5–2 kg)
4 l Wasser
2 Zwiebeln
2 Möhren
1 Petersilienwurzel
$^1/_4$ einer kleinen Sellerieknolle
2 Dillzweige
2 Zweige Petersilienkraut
Salz, Pfeffer

Die Henne auf mäßiger Flamme 40 Minuten kochen, dann geputztes Gemüse zugeben und weiterkochen, bis das Fleisch gar ist. Die Henne herausnehmen, die Suppe durchseihen. Sie kann mit dem in kleine Stücke geschnittenen Fleisch, Möhrenscheiben, Nudeln oder einer anderen Einlage, z.B. Mandeln, serviert werden.

MANDELN

für 6–8 Personen

1$^1/_2$ Löffel halbgriffiges Mehl
2 Eier
1 Teelöffel Salz

Eier verquirlen, Mehl und Salz zufügen, zu einem weichen Teig verarbeiten und für eine halbe Stunde kalt stellen. Dann mit bemehlten Händen eine etwa 0,5 cm dicke Rolle formen und in 1,5–2 cm große Stücke schneiden. Diese auf ein sehr gut gefettetes Backblech legen und etwa 20 Minuten bei 180°C backen. Von Zeit zu Zeit schütteln, damit sie gleichmäßig durchbacken. Vor dem Servieren nochmals erwärmen.

KICHLACH

30–40 Stück

3 Eier
2 Teelöffel Zucker
1$\frac{1}{2}$ Tassen halbgriffiges Mehl
$\frac{1}{2}$ Teelöffel Salz
$\frac{1}{2}$ Teelöffel Backpulver
$\frac{1}{4}$ Tasse Öl
zum Bestreuen: 1 Löffel
  Zucker, 1 Löffel Zimt

Eier schaumig schlagen, unter ständigem Schlagen Zucker und in kleinen Portionen Öl und mit Salz und Backpulver vermengtes Mehl zufügen. Einen glatten Teig ausarbeiten und auf dem mit Mehl bestäubten Brett etwa 0,5 cm dick ausrollen. Etwa 4 cm große Quadrate, Rauten oder Rechtecke ausstechen. Mit Öl bestreichen und mit einer Gabel durchstechen. Man kann sie auch mit Zucker und Zimt bestreuen. Auf einem gut gefetteten Blech etwa 30 Minuten bei 180°C backen, bis sie hellbraun sind. Gesalzene Kichlach werden als Beilage zu gehackten Heringen am Sabbat serviert.

GEFILLTE FISCH

Fische sind eine traditionelle Speisen der jüdischen Küche und finden vielseitige Verwendung. Einer talmudischen Legende zufolge ist der Fisch ein Symbol der Fruchtbarkeit und Unsterblichkeit und sollte deshalb vor allem beim festlichen Abendessen an Rosch ha-Schana nicht fehlen. Der König unter den Fischgerichten ist der gefüllte Fisch, eine der schmackhaftesten, wohlriechendsten und gefälligsten Speisen jeder Festtafel. Seine Zubereitung ist zwar sehr kompliziert, der ungewöhnliche kulinarische Genuß entschädigt jedoch für die langen in der Küche verbrachten Stunden. Die hier beschriebene Zubereitungsweise ist bei weitem nicht die einzig mögliche. Die Rezepte werden überliefert und jede neue Generation jüdischer Frauen hat die von ihren Großmüttern ererbte Kunst auf ihre Weise verbessert. Mit einem Wort, jeder jüdische Haushalt hat sein eigenes Rezept für gefillte Fisch.

Der Talmud erzählt: Der römische Kaiser war am Sabbat häufig in der Familie eines angesehenen Rabbiners zu Gast. Er war von den gefüllten Fischen, mit denen man ihn bewirtete, so begeistert, daß er seinem Koch auftrug, sie für ihn zuzubereiten. Obwohl dieser nicht einen Deut von der Anleitung abwich, die er vom Koch des Rabbi erhalten hatte, besaß sein Gericht bei weitem nicht den erlesenen Geschmack und den Duft der Speise, die dem Kaiser beim Rabbi vorgesetzt wurde. Der enttäuschte Kaiser forderte eine Erklärung, und der Rabbi sagte: „Die Juden haben ein besonderes Gewürz, und das allein kann dem Gericht den Geschmack verleihen, den du so liebst." Der Kaiser war sehr erstaunt und fragte, um was für ein Gewürz es sich handle und wo er es erhalten könne. Der Rabbi aber antwortete: „Es ist sehr alt, und wir nennen es Sabbat."

Gefillte Fisch, portioniert

GEFILLTE FISCH

für 8–10 Personen

Karpfen (etwa 2 kg)
Salz

Fülle I:

1 kg Weißfischfilet
3 feingehackte Zwiebeln
1 Löffel Öl
3 Eier
2 Teelöffel Salz
1 Teelöffel Pfeffer
1 Teelöffel Zucker
1 Tasse Semmelbrösel oder
 ³/₄ Tasse Mazzemehl
¹/₂ Tasse Wasser

Weißfisch durch den
Fleischwolf drehen, Zwiebeln
in Öl bräunen und mit Eiern,
Semmelbrösel oder Mazzemehl,
Wasser, Salz, Peffer und
Zucker zum Fisch zufügen.
Gut verrühren und den Fisch
füllen.

Fülle II:

Wie I, aber noch folgende
Zutaten zufügen:
1 kleine Sellerieknolle
 oder 2 Möhren
2–3 Scheiben harte Challa
3 Eigelb
3 Eiweiß

Sellerie oder Möhren mit
Fisch und Zwiebeln durch
den Wolf drehen. Statt
Mazzemehl oder Semmel-
bröseln harte Challaschei-
ben verwenden, die vorher
in Wasser eingeweicht und
ausgedrückt wurden. Nicht
ganze Eier, sondern nur
Eigelb verwenden. Erst
zum Schluß aus dem
Eiweiß steifen Schnee
schlagen und unterheben.

Fülle III:

1 kg Weißfischfilet
1 feingehackte Zwiebel
2 Eier

1 Eigelb, gekocht und
 gerührt
1 mittelgroße rote Bete,
 gerieben
2 Löffel Meerrettich,
 gerieben
1 Teelöffel Salz

Alle Zutaten gut vermi-
schen und den Fisch damit
füllen.

Soße:

2 Zwiebeln, in Ringe
 geschnitten
3 Möhren, ganz oder in
 Scheiben geschnitten
1–3 Teelöffel Salz
¹/₂ Teelöffel Pfeffer
1 Teelöffel Zucker
Wasser

Alle Zutaten in eine große
Kasserolle geben. Wenn
die Soße zu kochen
beginnt, wird der Fisch

zugegeben und mit so viel
Wasser übergossen, daß er
ganz bedeckt ist.

Zubereitung des Fisches:

Den geputzten Karpfen am
Rücken einschneiden,
Wirbelsäule mit dem
Fleisch auslösen, Flossen
entfernen, den Fisch
ausnehmen, sorgfältig
waschen und trocknen.
Außen und innen salzen,
füllen und zunähen. Den
Fisch in Alufolie oder ein
Küchentuch wickeln, in
die kochende Soße legen
und sehr langsam auf
beiden Seiten jeweils
³/₄ Stunden kochen. In der
Soße auskühlen lassen,
dann vorsichtig aus dem
Küchentuch wickeln, in
Portionen teilen und
verzieren.

FISCH-KUGELN

für 6–8 Personen

1,5 kg Weißfisch
3 Zwiebeln
2 Eier
2 Löffel Mazzemehl
2 Teelöffel Salz
1 Teelöffel Pfeffer
1 Teelöffel Zucker
$^1/_4$–$^1/_2$ Tasse eisgekühltes
  Wasser

Fischbrühe:

Kopf, Haut und Rückenteil
  von einem Fisch
2 Möhren, in Scheiben
  geschnitten
2 Zwiebeln, in Ringe
  geschnitten
2 Teelöffel Salz
$^3/_4$ Teelöffel Pfeffer
2 l Wasser

Langsam in einer großen
Kasserolle kochen lassen.

Fisch ausnehmen, schuppen, den Kopf abschneiden, die Kiemen entfernen, häuten, entgräten und waschen. Fischfleisch und Zwiebeln durch den Wolf drehen, Mazzemehl, Eier, Salz, Pfeffer, Zucker und das gekühlte Wasser zugeben und eine Zeitlang rühren. Mit den nassen Händen Kugeln von 2,5–3 cm Durchmesser formen. Zur kochenden Fischbrühe 3 Löffel kaltes Wasser zugeben und erst dann die Fischkugeln vorsichtig hineinlegen. Die Temperatur drosseln und langsam zugedeckt 1$^1/_2$ Stunden kochen. Nach einer Stunde den Topfdeckel entfernen und nach Belieben Pfeffer und Salz zugeben. Kugeln in der Brühe auskühlen lassen, dann in eine Schüssel geben, mit der geseihten Brühe übergießen und mit Möhrenscheiben garnieren. Über Nacht kalt stellen.

PFLAUMEN-ZIMMES

für 6–8 Personen

1,5 kg Rindfleisch
1 kg Kartoffeln, geschält und
in stärkere Scheiben
geschnitten
500 g Backpflaumen
1 mittelgroße Zwiebel
1 Löffel Hühnerschmalz
$^1\!/_2$ Löffel Mehl
$^1\!/_2$ Löffel Zucker
Saft aus 1 Zitrone
$^1\!/_2$ Tasse Honig (nach Belieben)
$^1\!/_2$ Teelöffel Zimt (nach
Belieben)
$1^1\!/_2$ Teelöffel Salz
$^1\!/_2$ Teelöffel Pfeffer

Zwiebel und über Nacht eingeweichte Pflaumen zum Fleisch geben und mit siedendem Wasser so übergießen, daß das Fleisch ganz bedeckt ist. Salz und Pfeffer zufügen und auf kleiner Flamme kochen, bis das Fleisch weich ist. Kartoffelscheiben in eine große Kasserolle geben und Fleisch mit Pflaumen darauflegen. In einem anderen Gefäß

Schmalz zerlassen, Mehl untermischen und unter ständigem Rühren $^1\!/_2$ l der Brühe zugeben, in der das Fleisch gekocht wurde. Zitronensaft, Zucker oder Honig und Zimt zufügen. Dann alles auf die Kartoffeln mit dem Fleisch gießen und etwa 40 Minuten bei mittlerer Hitze backen. Vor dem Servieren das Fleisch in Portionen schneiden.

FLEISCHIDIG KUGEL

für 4–5 Personen

750 g gehacktes
  Rindfleisch
1 Teelöffel Salz
$\frac{1}{2}$ Teelöffel Pfeffer
1 verquirltes Ei
$\frac{1}{2}$ Tasse Brotkrümel oder 2
  Scheiben Brot ohne Rinde,
  in Wasser eingeweicht
  und ausgedrückt

2 Löffel Wasser oder
  Tomatensaft
2–3 hartgekochte Eier
1 Tomate, in Scheiben
  geschnitten
1 Zwiebel, in Ringe
  geschnitten
1 geriebene Zwiebel
2 Löffel Hühnerschmalz
  oder Öl
Fett zum Ausstreichen der
  Form

Fleisch, Salz, Pfeffer, Ei,
Zwiebel und Brotkrümel
oder Brot vermengen.
Wasser oder Tomatensaft
zufügen und alles gut
verrühren. Die Hälfte der
Masse in eine gut gefettete Form füllen, in die
Mitte die gekochten Eier

hineindrücken. Mit der
anderen Hälfte der
Fleischmasse bedecken.
Die Oberfläche mit
Tomatenscheiben und
Zwiebelringen garnieren,
mit Fett beträufeln und
etwa 1$\frac{1}{2}$ Stunden bei
180°C backen.

KALBFLEISCH MIT PAPRIKA

◄

für 4–6 Personen

1 kg Kalbfleisch, in größere
  Würfel geschnitten
2 feingehackte Zwiebeln
3 Löffel Öl
1 Teelöffel Salz

$\frac{1}{4}$ Teelöffel Pfeffer
2 Teelöffel edelsüßer
  Paprika
$\frac{3}{4}$ Tasse Wasser oder
  Brühe zum Nachgießen

Zwiebeln in Öl bräunen.
Paprika darüberstäuben,
Fleisch zufügen, salzen,
pfeffern, und auf mäßiger

Flamme zugedeckt schmo-
ren lassen, bis es gar ist.
Von Zeit zu Zeit Wasser
oder Brühe nachgießen.

HUHN MIT GEMÜSE UND PILZEN

für 4 Personen

Huhn (1,5 kg)
2 Löffel Öl
2 grüne Paprikaschoten, klein
  geschnitten
250 g Champignons, in
  Scheiben geschnitten,
  eingelegt
1 mittelgroße Zwiebel, fein
  gehackt
1 Tasse Tomatensaft
1 Tasse Wasser
Salz, Pfeffer

Das Huhn in 8 Teile zerlegen,
salzen, pfeffern und auf allen
Seiten in Öl anbraten (etwa
10 Minuten). Zwiebeln,
Paprikaschoten, Pilze, Tomatensaft und so viel Wasser
hinzufügen, daß das Huhn
ganz bedeckt ist. Bei mäßiger
Hitze etwa 30 Minuten garen.

GEFLÜGEL- KLEIN MIT FLEISCH- KLÖSSCHEN

für 6 Personen

1 kg Geflügelklein
4 Löffel Hühnerschmalz
1 feingehackte Zwiebel
2 Löffel Mehl
4 Tassen siedendes Wasser
1½ Teelöffel Salz
¼ Teelöffel Pfeffer

Fleischklößchen:

350 g gehacktes
  Rindfleisch
2 Löffel kaltes Wasser
1 Ei
2 zerriebene
  Knoblauchzehen
1½ Teelöffel Salz
¼ Teelöffel Pfeffer
1 Löffel Mazzemehl

Zwiebel in Schmalz
rösten, Geflügelklein
zugeben und bräunen
(etwa 5 Minuten). Dann
mit Mehl bestäuben, mit
siedendem Wasser über-
gießen, salzen, pfeffern
und zugedeckt 1 Stunde
langsam schmoren lassen.

Inzwischen Fleisch mit
kaltem Wasser, Pfeffer,
Salz, Knoblauch, Ei und
Mazzemehl vermischen.
Klößchen in Walnußgröße
formen, zum Geflügel-
klein geben und noch
etwa 20 Minuten schmo-
ren lassen.

GANS
MIT KRAUT

für 4–5 Personen

Gans (1,5–2 kg)
2 Teelöffel Salz
$\frac{1}{4}$ Teelöffel Pfeffer
1 feingehackte Zwiebel
1,5 kg Weiß- oder Rotkraut
4 Löffel Gänseschmalz
1 Apfel, grob gerieben
1 Teelöffel Salz
$\frac{1}{4}$ Teelöffel Pfeffer

Die Gans in kleinere
Stücke zerteilen, mit Salz
und Pfeffer bestreichen, in
eine Pfanne legen, Wasser
zugießen und bei 180°C
etwa 2 Stunden braten, bis
sie weich ist. Während des
Bratens mit Bratensaft
übergießen. In einer
größeren Kasserolle
Zwiebel auf Gänseschmalz
glasig dünsten, gewasche-
nes, feingeschnittenes
Kraut zugeben und etwa
20 Minuten langsam dün-
sten lassen. Den geriebe-
nen Apfel zufügen, salzen,
pfeffern und weiterdünsten.
Kraut auf einer Schüssel
anrichten und die Gänsepor-
tionen darauflegen.

GANS MIT KARTOFFEL-FÜLLE

für 4–5 Personen

Gans (1,5–2 kg)
2 Teelöffel Salz
1 Teelöffel Pfeffer
2 Teelöffel Paprika
2 geriebene Knoblauchzehen

Die Gans mit einem Gemisch aus Knoblauch, Salz, Pfeffer und Paprika bestreichen und mindestens 1 Stunde stehenlassen. Inzwischen die Fülle vorbereiten.

Fülle:

Gänseklein
2 Löffel Gänseschmalz
1 feingehackte Zwiebel
4 Tassen Kartoffeln, roh gerieben
2 verquirlte Eier
2 Teelöffel Salz
¼ Teelöffel Pfeffer
1 Teelöffel Paprika

Zwiebel in Geflügel-, am besten Gänsefett rösten, feingeschnittenes Gänseklein zufügen und unter ständigem Rühren noch einige Minuten braten. Kartoffeln zugeben und einige Minuten weiterbraten. Auskühlen lassen, ver-

quirlte Eier zugeben und würzen. Die Gans füllen, zunähen oder mit Stahlnadeln zusammenstecken. In der vorgeheizten Röhre (180°C) 2–3 Stunden braten, bis die Gans weich ist. Während des Bratens mit Bratensaft übergießen.

SCHALET

Schalet, die traditionelle Sabbatspeise vieler Generationen von Juden in Mittel- und Osteuropa, hat bis auf den heutigen Tag nichts von ihrem weitreichenden Ruf verloren. Ein Sabbatmittagessen ohne einen großen Topf voll warmem, duftendem Schalet, den die Hausfrau aus der Röhre hervorzieht, sobald sich die Familie nach der Heimkehr aus der Synagoge um den Tisch versammelt hat, ist kaum vorstellbar.

Schon der Name dieses beliebten Gerichts hat eine interessante Geschichte. Über seine Herkunft zerbrechen sich die Philologen bis auf den heutigen Tag den Kopf. Am einleuchtendsten erscheint die Deutung, die das Wort Schalet von der Zubereitungsweise der Speise ableitet. Schon im Talmud wird eine Speise erwähnt, die Chamin genannt wird (vom hebräischen cham = warm). Der Name Tscholent, in deutschsprachigen Gebieten Schalet, mit dem das Sabbatgericht später in Europa bezeichnet wurde, könnte also in Anlehnung an das hebräische Wort Chamin aus dem altfranzösischen chauld (warm) entstanden sein. Am Sabbat ist es streng verboten, ein Feuer anzuzünden, deshalb mußte das Schalet einen Tag vorher zubereitet und in der mäßig erhitzten Röhre warm gehalten werden. Diese Zubereitungsweise war nicht einfach. Die Frauen erleichterten sich die Arbeit, indem sie die Gefäße mit dem Schalet in rohem Zustand zum Bäcker brachten, der es über Nacht im großen Backofen garen ließ. Nach dem Vormittagsgottesdienst trugen Laufburschen, die man Schaletjungen nannte, das fertige Gericht aus. Diese gemeinsame Zubereitung des Schalets war in vielen mitteleuropäischen Städten üblich. Am Land behalf man sich nicht selten so, daß man den Topf mit dem Schalet über Nacht ins Federbett steckte, wo die Speise lange warm blieb. In diesem Zusammenhang ist der Lautanklang an das französische chauffe-lit (Bettwärmer) bemerkenswert. Es läßt sich aber auch nicht ausschließen, daß die Bezeichnung der Speise mit dem jiddischen „Schul-End" zusammenhängt. Das bedeutet das Ende des Sabbatgottesdienstes und auch die Zeit, zu der man sich das Schalet schmecken läßt.

GANS IN SCHALET

für 6–8 Personen

Gans (1,5–2 kg)
2 Löffel Gänseschmalz
1 feingehackte Zwiebel
4 geriebene Knoblauchzehen
2 Tassen Erbsen
2 Tassen Graupen
2 Teelöffel Salz
$\frac{1}{2}$ Teelöffel Pfeffer
$\frac{1}{2}$ Teelöffel Ingwer
Brühe oder Wasser

Die vorbereitete Gans in Portionen teilen, salzen und auf der glasig gedünsteten Zwiebel anbraten. Im voraus eingeweichte Erbsen und Graupen zugeben, mit Pfeffer, Ingwer und Knoblauch abschmecken und alles in einen großen Topf geben. Wenig Brühe oder Wasser zugießen und langsam etwa 2 Stunden dünsten. Dann den Topf in die mäßig erhitzte Röhre stellen, wo er bis zum Mittagessen des nächsten Tages bleibt.

KARTOFFEL-
SCHALET

für 4–6 Personen

750 g Rindfleisch
2 Löffel Öl
1,5 kg Kartoffeln
1 Teelöffel Salz
$\frac{1}{2}$ Teelöffel Pfeffer
3–4 geriebene
    Knoblauchzehen

Kartoffeln schälen, fein reiben
und den Saft abgießen.
Fleisch in Würfel schneiden,
salzen, pfeffern und mit
Knoblauch in Öl anbraten.
Geriebene Kartoffeln zum
Fleisch geben, gut
verrühren und 2 Stunden
dünsten. Nach Bedarf noch
etwas Wasser zufügen und
das Schalet in die mäßig
erhitzte Röhre stellen, wo
es bis zum nächsten Tag
bleibt.

SCHALET
AUS
LAMMFLEISCH

für 4–6 Personen

1 kg Lammfleisch, in größere
   Würfel geschnitten
3 Tassen Bohnen
3 feingehackte Zwiebeln
2 Löffel Öl
2 Teelöffel Salz
¹/₂ Teelöffel Pfeffer
3 feingehackte
   Knoblauchzehen

Die ausgelesenen und
gewaschenen Bohnen für
etwa 2 Stunden in kaltem
Wasser einweichen. Das
gesalzene und gepfefferte
Fleisch mit Zwiebeln und
Knoblauch in Öl anbraten.
Bohnen zugeben, mit

Wasser übergießen und
2 Stunden dünsten. Nach
Bedarf noch etwas Wasser
zugießen und das Schalet
in die mäßig erhitzte
Röhre stellen, wo es bis
zum nächsten Tag bleibt.

SCHALET MIT KNEJDLACH (KNÖDELN)

für 4–6 Personen

6 kleine Kartoffeln
500 g Rindfleisch
1 Zwiebel
1 Tasse Bohnen
$^1/_2$ Tasse Graupen
2 Teelöffel Salz
$^1/_4$ Teelöffel Pfeffer
3–4 zerdrückte
   Knoblauchzehen
2–3 Löffel Öl
Wasser

Fleisch in Würfel schneiden,
salzen, pfeffern und
mit der gehackten Zwiebel in
Öl anbraten. Kartoffeln
schälen, wenn sie größer sind,
halbieren. Mit dem Fleisch,
Knoblauch und den über
Nacht eingeweichten
Bohnen und Graupen in eine
dickwandige Kasselrolle

geben. So viel Wasser
zugeben, daß es minde-
stens 3 cm über den Zu-
taten steht. Schalet 3–4
Stunden langsam kochen,
nach Bedarf Wasser
zugießen. Dann Knödel
oder Kischke zufügen
und das Gefäß in die
schwach erhitzte Röhre
(120°C) stellen, wo es
bis zum Mittagessen des
nächsten Tages bleibt.

Knödel:

2 Eier
2 Löffel Öl
2 Löffel kaltes Wasser
$^1/_2$ Teelöffel Salz
$^3/_4$ Tasse Mazzemehl

Eier verquirlen. Öl, kaltes
Wasser, Salz und Mazze-
mehl in mehreren kleinen
Portionen zufügen. Einen
festen Teig ausarbeiten und

für 20 Minuten kalt stellen.
Einen Knödel formen, in
den Topf mit dem Schalet
legen.

Fleischknödel:

1 Tasse gehacktes
   Rindfleisch
1 Tasse Brotrinden
1 Ei
1 Löffel gewiegte
   Petersilie
3 geriebene
   Knoblauchzehen
$^1/_2$ Teelöffel geriebene
   Muskatnuß
$^1/_2$ Teelöffel Salz
$^1/_4$ Teelöffel Pfeffer

Das eingeweichte und
ausgedrückte Brot mit
dem Fleisch und dem Ei
vermischen, Petersilie,
Muskatnuß und Knob-
lauch zugeben, salzen und
pfeffern. Einen Knödel formen
und auf das Schalet legen.

Gemüsekischke:

$^1/_2$ Tasse Öl
$^1/_2$ kleinere Sellerieknolle
2 Möhren
1 Zwiebel
$1^1/_2$ Tassen Mehl
$1^1/_4$ Teelöffel Salz
$^1/_4$ Teelöffel Pfeffer
1 Teelöffel Paprika

Gemüse und Zwiebel fein
hacken und gründlich mit
Öl vermischen. Salz,
Pfeffer, Paprika und Mehl
zufügen, verrühren. Rollen
formen und in mit Öl
bestrichene Alufolie
wickeln. Kischke $^1/_2$ Stunde
bei 180°C backen. Kurz
vor Sabbatbeginn in der
Alufolie auf das Schalet
legen. Folie vor dem
Servieren entfernen und
Kischke in Portionen
schneiden.

MANDELBROT

für 6–8 Personen

1 Tasse Margarine oder
  Butter
$1^1/_2$ Tassen Zucker
4 Eier
1 Teelöffel Vanilleextrakt
$^1/_2$ Tasse Brandy
4 Tassen halbgriffiges Mehl
4 Teelöffel Backpulver
1 Teelöffel Salz
1 Tasse Rosinen
1 Tasse Kokosraspeln
$^1/_2$ Tasse geriebene Nüsse
1 Tasse Mandeln,
  abgezogen und fein
  gehackt

Margarine oder Butter mit Zucker schaumig rühren, verquirlte Eier, Vanilleextrakt und Brandy zugeben und weiterrühren.

Mit Salz und Backpulver vermischtes Mehl zufügen, gut vermengen und zuletzt Rosinen, Kokosraspeln, Nüsse und Mandeln

untermischen. In einer gefetteten Form in der vorgeheizten Röhre bei 180°C etwa 30–40 Minuten backen.

KUGEL

Unsere unzulänglichen Sprachkenntnisse bringen uns in Versuchung, den Namen dieser typischen Festtagsspeise vom deutschen Wort Kugel abzuleiten und sie als weiblich zu betrachten. In Wirklichkeit heißt es der Kugel, aus dem hebräischen agol = rund. Ursprünglich war der Kugel auch wirklich rund, aber im Laufe der Zeit wurde dieser Zusammenhang vergessen, so daß man heute alle möglichen Formen antreffen kann. Es gibt keine genaue Definition des Kugels. Er kommt in zahlreichen Variationen von unterschiedlichem Geschmack vor, als gesalzene ebenso wie als Süßspeise. Es gibt fleischigen, milchigen und Kartoffelkugel, den leckeren süßen Lokschen-Kugel aus Nudeln und Obst nicht zu vergessen.

KUGEL AUS CHALLA

für 4 Personen

350 g Challa
2 Eier
3 Äpfel, geschält und in dünne
    Scheiben geschnitten
$^1/_3$ Tasse Zucker

4 Löffel Öl
$^1/_2$ Tasse Rosinen
2 Teelöffel Zimt
$^1/_2$ Teelöffel Salz

Challa für kurze Zeit in siedendes Wasser legen, dann ausdrücken und mit den anderen Zutaten vermengen. In einer gefetteten Form 45–50 Minuten bei 180°C backen, bis sich an der Oberfläche eine Kruste bildet.

ANANASKUGEL

für 4–6 Personen

250 g dünne Nudeln
6 Eier
4 Löffel zerlassene Margarine
250 g zerdrückte Ananas mit
   dem Saft (man kann auch
   Kompott verwenden)
1 Teelöffel Vanilleextrakt
1 Teelöffel Zimt
¹/₂ Tasse Zucker

Eier mit Zucker und zerlassener Margarine schaumig rühren. Ananas, Zimt und Vanilleextrakt zugeben, alles gut verrühren. Zum Schluß die in Salzwasser gekochten Nudeln einrühren.

Masse in eine gut gefettete Form füllen und die Oberfläche mit Ananasscheiben und einer Kirsche in der Mitte verzieren. 40–50 Minuten in der vorgeheizten Röhre bei 180°C backen.

NUDELKUGEL MIT OBST

für 4–6 Personen

250 g dünne Nudeln
2 Eigelb
2 Eiweiß
2 Löffel Hühnerschmalz oder
   Pflanzenfett
2 Löffel Zucker
¹/₂ Teelöffel Salz
¹/₂ Tasse feingehackte Rosinen

¹/₂ Tasse geriebener Apfel
¹/₂ Tasse feingehackte
   Nüsse
1 Teelöffel Zimt

Eigelb mit Fett, Zucker
und Salz schaumig rühren.
Gekochte heiße Nudeln

zugeben und verrühren.
Die anderen Zutaten
zufügen und zuletzt festen
Eischnee unterheben. In
einer gut gefetteten Form
etwa 45 Minuten bei
180°C goldgelb backen.

ÄPFEL IM SCHLAFROCK

15–20 Stück

2$\frac{1}{2}$ Tassen griffiges Mehl
$\frac{2}{3}$ Tasse Zucker
4 Teelöffel Backpulver
1 Ei
1 Tasse Margarine
8–10 Löffel Milch
15–20 kleinere Äpfel
1 Tasse Rosinen
Zucker zum Bestreuen
1 verquirltes Ei zum
    Bestreichen

Auf dem Brett Mehl mit Backpulver und Zucker vermengen, Margarine und Ei zugeben und mit Milch zu einem geschmeidigen Teig verarbeiten. In Alufolie wickeln und $\frac{1}{2}$ Stunde ruhen lassen. Den Teig etwa 3 mm dick ausrollen und in größere Vierecke (je nach der Größe der Äpfel) schneiden. Äpfel schälen, Gehäuse ausstechen, die entstandene Öffnung mit Rosinen füllen. Äpfel in die Mitte der Vierecke legen, Teigränder verbinden und Kugeln formen. Die eingewickelten Äpfel auf ein trockenes Blech legen, die Oberfläche mit verquirltem Ei bestreichen und etwa 15 Minuten bei 180°C goldgelb backen. Mit Zucker bestreuen.

DIE HOHEN FEIERTAGE

יום כפור

ראש השנה

„Le-Schana towa tikatewu wetechatemu", möget ihr zu einem guten Jahr eingeschrieben und besiegelt werden, tönt es nach dem Abendgottesdienst durch die Synagoge. Heute ist der erste Tag des Monats Tischri, das Neujahrsfest, das auch der Tag des Gerichts ist. Die Sonne steht im Zeichen der Waage, und Gott legt alle unsere im vergangenen Jahr vollbrachten Taten in die Waagschale und gibt „einem jeden nach seinem Tun, nach den Früchten seiner Werke" (Jer. 17, 10). An Rosch ha-Schana, so berichtet der Talmud, schreibt Gott die vollkommen Gerechten ins Buch des Lebens ein und die vollkommen Frevelhaften ins Buch des Todes. Das Gericht über die Dazwischenstehenden bleibt schweben bis zum Jom Kippur, an dem das endgültige Urteil gesprochen wird. So stehen wir an der Schwelle des neuen Jahres vor Gottes Gericht, das über unser Schicksal im nächsten Jahr entscheidet. Die beiden Tage des Neujahrsfestes sind die ersten zwei der zehn Bußtage, die auch als „Jamim noraim" (Tage des Zorns) bekannt sind. Zur Neujahrszeit herrscht nicht die Atmosphäre der fröhlichen Geselligkeit, die die anderen Festtage prägt. Jedermann versenkt sich in sein Inneres, prüft sein Gewissen und betet um Vergebung aller seiner Sünden. Buße bedeutet jedoch keineswegs Hoffnungslosigkeit. Ins neue Jahr treten wir voll Zuversicht und Hoffnung auf eine glückliche Zukunft ein, denn jeder, der rechtzeitig Buße tut, kann auf Gottes Barmherzigkeit bauen. Kehrt er sich rechtzeitig von seinen Sünden ab, wird ihm der Herr seine Schuld vergeben und ihn für das nächste Jahr ins Buch des Lebens einschreiben. Entscheidend ist die Gegenwart und nicht die Vergangenheit, denn „wenn ein Gerechter Böses tut, so wird 's ihm nicht helfen, daß er gerecht gewesen ist; und wenn ein Gottloser von seiner Gottlosigkeit umkehrt, so soll 's ihm nicht schaden, daß er gottlos gewesen ist" (Ez. 33, 12). Deshalb muß der Mensch in diesen Tagen mehr denn je bestrebt sein, sich von seinen bösen Gedanken und Taten zu reinigen und in Einklang mit Gottes Geboten zu leben. „Erwacht ihr Schläfer aus eurem Schlaf! Und ihr, die ihr dumpf und verblendet dahinlebt, rafft euch auf aus eurem Stumpfsinn! Geht in euch wegen eurer Taten, tut Buße, kehrt reumütig um! Gedenket eures Schöpfers!" So mahnen die gedehnten, durchdringenden Töne des Schofars, die beim Morgen- und Abendgottesdienst erklingen. Das Blasen auf dem Schofar, einem aus dem Horn eines Widders gefertigten Musikinstrument, das schon in biblischen Zeiten bei vielen Gelegenheiten benutzt wurde, ist eine letzte, nachdrückliche Mahnung, zur Zeit des nahenden Gerichts Buße zu tun, und eine dringende Warnung vor der Mißachtung dieser Aufforderung. Gleichzeitig erwecken die Töne des Schofars die Erinnerung an die bedeutsamsten Ereignisse der jüdischen Geschichte. Er erklang zum erstenmal, als der Herr auf dem Berg Sinai erschien, um Moses die Tora zu übergeben. Das Widderhorn ist auch ein Symbol für die Opferung Isaaks auf dem Berg Moria. „Da hob Abraham seine Augen auf und sah einen Widder hinter sich in der Hecke mit seinen Hörnern hängen und ging hin und nahm den Widder und opferte ihn zum Brandopfer an seines Sohnes statt", heißt es im ersten Buch Mose (Gen. 22, 13). Im Traktat Rosch ha-Schana wird das Schicksal des Widders mit dem des israelitischen Volkes auf Erden verglichen. So wie der Widder, der mit seinen Hörnern in der Hecke hängenblieb und dann geopfert wurde, wird auch das Volk Israel vom Unglück verfolgt werden. Es wird von Exil zu Exil wandern, aber zuletzt erlöst und ins Gelobte Land zurückgeführt werden. In den Visionen der biblischen Propheten verkündet der Schofar den Tag des Letzten Gerichtes und das Erscheinen des Messias (Zeph. 1, 14). Sein Klang erweckt die Toten und „es werden kommen die Verlorenen im Lande Assur und die Verstoßenen im Lande Ägypten und werden den Herrn anbeten auf dem heiligen Berg zu Jerusalem" (Jes. 27, 13).

◄

Kiddusch für Rosch ha-Schana. Italien, 1470

Schofare. Böhmen,
Anfang des 19. Jahrhunderts

Am ersten Tag des Festes findet nach Beendigung des Gottesdienstes in der Synagoge die symbolische Zeremonie des Fortwerfens der Sünden, der Taschlich, statt. Es steht geschrieben, Gott wird „alle unsere Sünden in die Tiefen des Meeres werfen. Du wirst Jakob die Treue halten und Abraham Gnade erweisen, wie du unsern Vätern vorzeiten geschworen hast" (Mi. 7, 19–20). Die Sünden wirft man in fließendes Wasser, in dem Fische leben, denn wie ein Fisch im Netz sind wir im Netz von Gottes Gericht gefangen, und das Auge des Fisches ist stets offen, wie das wachsame Auge Gottes, das auch in die heimlichsten Winkel unserer Seele sieht. Nach dem Sprechen der einschlägigen Verse aus den Propheten und Psalmen schüttelt man dreimal alle Kleidertaschen ins Wasser aus. Diese Geste soll die Hoffnung versinnbildlichen, daß es uns gelingen wird, alle im Laufe des Jahres begangenen Sünden fortzuwerfen, so wie die Krümchen aus unseren Taschen.

Als die Israeliten bei der festlichen Versammlung an Rosch ha-Schana die Worte der Tora hörten, begannen sie zu weinen. Esra und Nehemia aber sprachen zu ihnen: „Seid nicht traurig und weinet nicht... Geht hin und eßt fette Speisen und trinkt süße Getränke..., denn die Freude am Herrn ist eure Stärke" (Neh. 8, 10). So setzt man sich auch heute freudig an den gedeckten Tisch in der Hoffnung auf ein gutes Jahr. Die Neujahrschalla ist rund, damit uns im neuen Jahr alles gelingen möge und es an nichts fehlt. Oft wird sie mit Leitern oder Vögelchen aus Teig verziert, weil unsere Gebete zum Herrn in den Himmel aufsteigen sollen. Auf dem Tisch darf auch ein Schüsselchen mit Honig nicht fehlen, denn an diesem Abend taucht man die Challa nicht in Salz wie sonst, sondern in Honig. Nach dem Genuß der Challa taucht man auch ein Stückchen süßen Apfel in den Honig und betet dabei um ein gutes und süßes Jahr. Die beliebteste Nachspeise sind am Neujahrsfest Honigkuchen. Oft wird auch eine süße Speise aus Möhren, Zimmes, gereicht, unter anderem auch deshalb, weil Möhren auf jiddisch Meren heißen, was auch wachsen, zunehmen (mehren) bedeutet. So versinnbildlichen die Zimmes den Wunsch, unsere Vorzüge und Verdienste mögen im kommenden Jahr unsere Mängel überwiegen. Von Sünden hat man sich beharrlich fernzuhalten, deshalb ißt man zu Neujahr keine Nüsse. Das hebräische Wort für Nuß, Egos hat nämlich denselben numerischen Wert wie das Wort Chet, Sünde.

Eine Woche nach Rosch ha-Schana feiert man Jom Kippur, den Versöhnungstag. An diesem Tag wird das Schicksal jedes einzelnen endgültig eingeschrieben und besiegelt. Am Jom Kippur, dem Sabbat aller Sabbate, ruht jede Arbeit und er wird als strenger Fasttag begangen. „Da sollt ihr ... fasten und dem Herrn Feueropfer darbringen. Und sollt keine Arbeit tun an diesem Tage, denn es ist der Versöhnungstag, daß ihr entsühnt werdet vor dem Herrn, eurem Gott" (Lev. 23, 27–28), gebietet die Tora. Sollen unsere Bußbereitschaft und Reinigung vor Gott wahrhaftig und wirksam sein, müssen wir uns aller leiblichen Begierden entledigen, die uns zur Sünde verleiten könnten. Deshalb gilt neben dem Verbot von Essen und Trinken auch der Verzicht auf das Bad, auf Körperpflege, auf das

Kol Nidre,
Maḥsor aus Třebíč
Mähren, um 1300

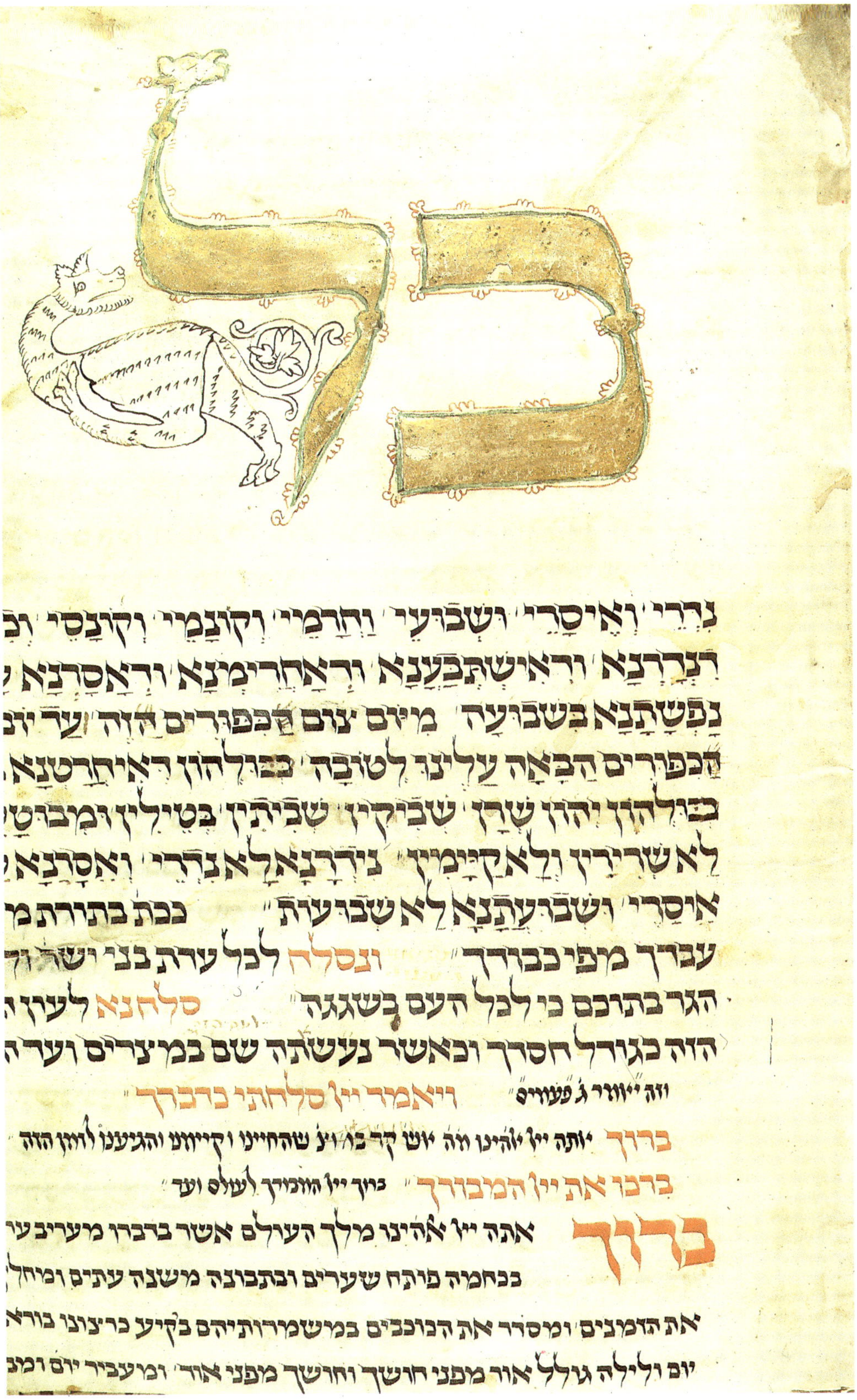

נִדְרֵי וֶאֱסָרֵי וּשְׁבוּעֵי וַחֲרָמֵי וְקוֹנָמֵי וְקִנּוּסֵי וְכ

דְּנִדַרְנָא וּדְאִשְׁתְּבַּעְנָא וּדְאַחֲרִימְנָא וּדְאָסַרְנָא

עַל נַפְשָׁתָנָא בִּשְׁבוּעָה מִיּוֹם צוֹם הַכִּפּוּרִים הַזֶּה עַד יוֹם

הַכִּפּוּרִים הַבָּא עָלֵינוּ לְטוֹבָה כֻּלְּהוֹן דְּאִיחֲרַטְנָא

כֻּלְּהוֹן יְהוֹן שָׁרָן שְׁבִיקִין שְׁבִיתִין בְּטֵלִין וּמְבֻטָּלִ

לָא שְׁרִירִין וְלָא קַיָּמִין נִדְרָנָא לָא נִדְרֵי וֶאֱסָרָנָא

אֱסָרֵי וּשְׁבוּעָתָנָא לָא שְׁבוּעוֹת כָּכָּתוּב בְּתוֹרַת מ

עַבְדְּךָ מִפִּי כְבוֹדֶךָ וְנִסְלַח לְכָל עֲדַת בְּנֵי יִשְׂרָ

הַגֵּר בְּתוֹכָם כִּי לְכָל הָעָם בִּשְׁגָגָה סְלַח נָא לַעֲוֹן הָ

הַזֶּה כְּגֹדֶל חַסְדֶּךָ וְכַאֲשֶׁר נָשָׂאתָה שָׁם בְּמִצְרַיִם וְעַד ה

וַיֹּאמֶר יְיָ סָלַחְתִּי כִּדְבָרֶךָ

בָּרוּךְ אַתָּה יְיָ אֱלֹהֵינוּ מֶלֶךְ שֶׁהֶחֱיָנוּ וְקִיְּמָנוּ וְהִגִּיעָנוּ לַזְּמַן הַזֶּה

בָּרְכוּ אֶת יְיָ הַמְבֹרָךְ בָּרוּךְ יְיָ הַמְבֹרָךְ לְעוֹלָם וָעֶד

בָּרוּךְ אַתָּה יְיָ אֱלֹהֵינוּ מֶלֶךְ הָעוֹלָם אֲשֶׁר בִּדְבָרוֹ מַעֲרִיב עֲ

בְּחָכְמָה פּוֹתֵחַ שְׁעָרִים וּבִתְבוּנָה מְשַׁנֶּה עִתִּים וּמַחֲלִ

אֶת הַזְּמַנִּים וּמְסַדֵּר אֶת הַכּוֹכָבִים בְּמִשְׁמְרוֹתֵיהֶם בָּרָקִיעַ כִּרְצוֹנוֹ בּוֹרֵא

יוֹם וָלַיְלָה גּוֹלֵל אוֹר מִפְּנֵי חֹשֶׁךְ וְחֹשֶׁךְ מִפְּנֵי אוֹר וּמַעֲבִיר יוֹם וּמֵ

Torawickel, Detail.
Mähren, 18. Jahrhundert

Tragen von Lederschuhen und auf den Geschlechtsverkehr. Am Jom Kippur ergibt man sich vollständig in den Willen Gottes. Daran erinnert wohl am nachdrücklichsten der Sterbekittel, den die frömmsten Juden anlegen, ein weißes, weites Gewand mit einem Leinengurt. Der einzige erlaubte Schmuck sind Silberspangen. Silber ist nämlich weiß, und Weiß ist die Farbe der Buße und Vergebung.

Die Versöhnung mit dem Herrn setzt eine Versöhnung mit den Mitmenschen voraus. Deshalb sucht man am Vortag des Jom Kippur diejenigen auf, denen man im letzten Jahr Unrecht getan hat, und bittet sie um Verzeihung. Man legt alte Streitigkeiten bei und begleicht seine Schulden.

Am 9. Tischri beginnt der Abendgottesdienst mit dem Kol Nidre (Alle Gelübde). Der Herr wird darin um die Aufhebung aller unerfüllter Versprechungen gebeten, die im vergangenen Jahr gemacht wurden. Bevor man in die Synagoge geht, nimmt man die letzte Mahlzeit vor dem Fasten ein. Sie sollte ausgiebig und leicht verdaulich sein, damit man das lange Fasten gut verträgt. Gewöhnlich gibt es Hühnerbrühe und mit Hühnerfleisch gefüllte Kreplach. Die Kreplach versinnbildlichen unsere Hoffnung, Gott werde die Strenge des Gerichts, das uns am nächsten Tag erwartet, mit seiner Barmherzigkeit „zudecken".

Zeitig am Morgen versammelt sich die Gemeinde in der Synagoge. Der Gottesdienst dauert mit kurzen Pausen den ganzen Tag. Seine wichtigsten Teile sind das Sündenbekenntnis – Widuj –, die Litaneli Awinu Malkenu und die Bußgebete, Slichot. Beim Maskir, der Seelengedächtnisfeier, ist die Synagoge immer von Menschen überfüllt. Der Tag klingt aus mit der Schlußandacht, die Neila, Abschluß, genannt wird. Zum letzten Mal erklingt das Schofar und mit dem Wunsch „Im nächsten Jahr in Jerusalem" kehrt man nach Hause zurück.

Die ganze Woche vor dem Neujahrsfest scheuerten die Frau des Schammes Rév und Timfelds langbeiniges Dienstmädchen jeden Winkel des Bethauses und der Schammes spannte alle sechs Kinder zur Arbeit ein und sah persönlich darauf, daß alles blitzblank war und vor Sauberkeit glänzte. Dann, einen Tag vor dem eigentlichen Feiertag, bürstete er seinen Anzug aus, glättete seinen roten Bart und trat, Gebetsworte sprechend, mit gewaschenen Händen vor den Toraschrein, zog an der Schnur, mit der der Vorhang aus rotem Plüsch zurückgezogen wurde, und schloß die Tür auf, hinter der die heiligen Tororollen standen. Dann trug er eine nach der anderen zum Altar, von wo morgen der weinerliche Tenor des Kantors verkünden würde, daß der Tag gekommen sei, an dem man vor Gottes Angesicht treten und Rechenschaft vor dem höchsten Richter ablegen muß, und hüllte eine nach der anderen in einen weißen Mantel aus weißer Seide und Plüsch ein, auf den der Name Gottes in goldenen Lettern gestickt war. Den hölzernen Enden der Stäbe, um die die heiligen Rollen aufgerollt waren, setzte er silberne, mit Glöckchen und Schellen verzierte Krönchen, Rimonim auf, und darüber hängte er um jede Tora ein an einer silbernen Kette aufgehängtes Schild, Taß, mit dem Motiv der judäischen Löwen sowie einen silbernen Torazeiger, Jad, mit dem man morgen dem Vorleser aus der Heiligen Schrift die Zeilen zeigen würde. Als er mit seiner Arbeit fertig war, ging er nochmals durch das ganze Bethaus, berührte jede Bank und jeden Leuchter mit dem Finger, um sich zu überzeugen, daß nirgends ein Stäubchen lag, und blieb, eine Hand hinter dem Rücken und die andere auf dem roten Bart, in jedem Winkel stehen, um nach Spinnweben zu suchen. Zum Schluß goß er Öl ins Ewige Licht, Ner tomid, das über dem Toraschrein hing, tauschte den Vorhang

aus rotem Plüsch gegen einen aus weißer Seide ein, zog ihn zu und verließ zufrieden das Bethaus. Dann durchquerte er den Hof und trat in das niedrige, aus zwei Räumen bestehende Haus, das hinter der Synagoge stand und seit Menschengedenken die Wohnung des Schammes der Kille und seiner Familie war. Es war Spätnachmittag, in einer Stunde würde das festliche Abendgebet beginnen und dem Schammes blieben noch einige Dinge zu tun übrig. Er mußte über seinen Anzug den weißen Kittel anziehen, in dem man ihn einst begraben würde und in dem man an diesem Tag des Gerichts vor den Herrn zu treten hatte, er mußte das weiße Tuch vorbereiten, in das der Schofar, das Widderhorn eingehüllt wurde, mit dem der Fuhrmann Fischer zum höchsten Gericht aufrufen würde. Er mußte auch seiner Frau Leschono tauwo tikatewu wünschen, sie solle sich alles Gute erflehen und in Gottes Büchern für ein gutes Jahr eingeschrieben werden. Hatte doch der Schammes auch am Feiertag Arbeit zu verrichten und würde später keine Zeit dazu finden, wie die anderen.

Als er den Kittel angezogen und mit Frau und Kindern Küsse getauscht hatte, ging er ins Bethaus zurück, entnahm dem Schränkchen hinter dem Altar, in dem die Becher, die Gewürzbüchse und andere gottesdienstliche Gegenstände aufbewahrt wurden, den Schofar aus dem gewundenen Widderhorn, hüllte ihn in das weiße Tuch ein, das er von zu Hause mitgebracht hatte, und legte ihn auf den Altar. Dann ging er in seine Bank an der Wand neben dem Eingang und legte das Gebetbuch für Rosch ha-Schana vor sich, und als er diese Handlung beendet hatte, trat er wieder aus der Bank und stellte sich in die Tür, um die ersten Ankömmlinge gleich am Eingang begrüßen zu können und ihnen zu wünschen, sie mögen sich alles Gute erflehen.

Kurz vor sechs begannen sie sich zu versammeln. Sie kamen in ihrer Feiertagskleidung, ernst und mit festtäglicher Würde, begleitet von ihren Frauen und den älteren Kindern. Im Flur vor dem Eingang in die Betstube umarmten sie sich, schüttelten einander die Hände und riefen sich zu:

„Leschono tauwo tikatewu!"

„Erflehen Sie sich alles Gute!"

„Sie mögen für ein gutes Jahr eingeschrieben werden!"

Und der Schammes Rév schüttelte an der Tür gleich einem Gastgeber jedem die Hand und wünschte allen: „Leschono tauwo, leschono tauwo, leschono tauwo tikatewu!"...

Inzwischen hatte Rosa das Abendessen vorbereitet. Sie setzten sich an den weißgedeckten Tisch, und bevor Rosa die Speisen brachte, schob der Schammes Rév wie zufällig seinen Teller beiseite und tat erstaunt, als er darunter wie jedes Jahr einen Brief fand, in dem seine Söhne dem Vater für alles dankten, was er ihnen im vergangenen Jahr gegeben hatte, und versprachen, sie würden im kommenden Jahr gehorsam und fleißig sein. Während er gerührt hüstelte, stellte aber Rosa schon eine Schüssel mit einem süßen Gemisch aus Birnen, Möhren und Weißkohl mit Zucker auf den Tisch und begleitete die Süße dieser Zimmes genannten Speise mit dem Wunsch, das beginnende Jahr möge ebenso süß und gut sein. Bevor sie jedoch zu essen begannen, ging Rosa um den Tisch herum und schob jedem einen Bissen vom Kopf des Fisches in den Mund, damit sie im kommenden Jahr in allem unter den Ersten sein mögen. Als der Schammes Rév dann am Ende des Abendessens seine Hände über den Tisch erhob und mit geschlossenen Augen die Worte des Segens sprach und als seine Söhne einer nach dem anderen auf ihn zutraten, um ihm die Hand zu küssen und gute Nacht zu wünschen, da war es nicht der Ärmste in der Kille, der Tempeldiener, der seine Hand auf ihre Köpfe legte, sondern ein König von unermeßlichem Reichtum.

VIKTOR FISCHL: *Píseň o lítosti (Das Lied vom Bedauern)*

Einmal hatte es Rabbi Naftali versäumt, mit seinem Lehrer, dem Rabbi von Lublin, zum Taschlich an den Fluß zu gehen. Als der Rabbi mit seinen Leuten auf dem Heimweg war, sahen sie Naftali zum Flusse laufen. „Was rennst du so?" fragte ihn einer, „du siehst doch, der Rabbi geht schon heim, und was macht es dir nun noch aus, ob du etwas früher oder später ankommst?" „Ich will noch schnell", sagte jener, „etwelche von den Sünden aufzuklauben suchen, die der Rabbi ins Wasser geworfen hat, und sie in der Schatzkammer meines Herzens verwahren."

MARTIN BUBER: *Die Erzählungen der Chassidim*

Einst war Rabbi David mit seinem Schüler Rabbi Jizchak über das neue Jahr, wie er 's alljährlich zu halten pflegte, in Lublin bei seinem Lehrer, dem „Seher". Am Festtag, vor dem Schofarblasen, sah sich der Seher um und merkte, daß Rabbi David nicht anwesend war. Sogleich sandte er Jizchak in die Herberge ihn suchen. Er fand ihn, wie er vorm Haustor stand und das Käppchen voller Gerste den Pferden hinreichte, die der Fuhrmann, ins Bethaus eilend, hungernd zurückgelassen hatte. Als Rabbi David, nachdem er die Tiere gefüttert hatte, ins Bethaus kam, sagte der Seher: „Da hat uns Rabbi David ein schönes Schofarblasen gemacht."

MARTIN BUBER: *Die Erzählungen der Chassidim*

Am Vorabend des Versöhnungstages, bei der „trennenden Mahlzeit", die dem Fasten vorausgeht, teilte Rabbi Baruch unter die Chassidim, die an seinem Tisch aßen, Süßigkeiten aus. Dabei sprach er: „Ich liebe euch sehr, und was irgend ich in der Welt Gutes weiß, möchte ich euch geben. Haltet euch nur daran, was im Psalm gesagt ist: ‚... Kostet recht, und ihr werdet merken: Wo etwas Gutes ist, ist der Herr'." Und er stimmte das Lied an: „Wie gut ist unser Gott, wie lieblich unser Los!"

MARTIN BUBER: *Die Erzählungen der Chassidim*

Ein reicher und angesehener Mann in Nikolsburg war dem Rabbi Schmelke feindlich gesinnt und trachtete, wie er ihn beschämen könnte. Am Vorabend des Jomkippur kam er zu ihm und bat ihn, sich an diesem Tag, da alle einander vergeben, mit ihm zu versöhnen. Zugleich brachte er ihm einen Krug sehr alten und starken Weins und nötigte ihn zum Trinken, da er vermeinte, der Zaddik würde, solchen Weins nicht gewohnt, trunken werden und seinen Fall der Gemeinde offenbar machen. Rabbi Schmelke trank um der Versöhnung willen in seiner Gegenwart ein Glas nach dem andern. Der reiche Mann glaubte schon, sein Ziel erreicht zu haben, und ging zufrieden nach Hause.

Als aber der Abend anbrach und die Stunde des Gebets nahe war, fiel der Schauer des Gerichtstags auf den Rabbi, und im Nu war jede Spur des Tranks verflogen.

Nach dem Abendgebet blieb Rabbi Schmelke mit anderen Frommen die Nacht über im Bethaus und sang wie in jedem Jahre die Psalmen vor, und die Gemeinde stimmte ein. Als er im einundvierzigsten Psalm an den Vers kam: „Durch dieses weiß ich, daß du an mir Gefallen findest: mein Feind wird über mich nicht frohlocken", wiederholte er ihn Mal um Mal und übersetzte ihn, aber nicht wie es üblich ist, sondern mit einer unbefangenen Kühnheit übertrug er: „Durch dieses weiß ich, daß du an mir Gefallen findest: meinem Feinde wird um meinetwillen kein Übel widerfahren." Und er fügte hinzu: „Wenn es auch Menschen gibt, die mir feind sind und mich zu beschämen verlangen, vergib ihnen, Herr der Welt, und sie mögen nicht leiden um meinetwillen."

MARTIN BUBER: *Die Erzählungen der Chassidim*

GEPICKELTE FISCH (MARINIER-TER FISCH)

für 6–8 Personen

1,5 kg Karpfen, in Portionen
    geschnitten
1 Tasse Essig
3 Tassen Wasser
4 Lorbeerblätter
12 Pfefferkörner
3 Nelken
$^1/_2$ Teelöffel Senfkörner
8 Gewürzkörner (Piment)
4 Zwiebeln, in Ringe
    geschnitten
1 Teelöffel Salz

Essig, Wasser, Salz, Zwiebeln und Gewürze aufkochen lassen. Fischportionen zugeben und bei mäßiger Hitze garen. Den Fisch in der Brühe auskühlen lassen, dann vorsichtig in eine Schüssel geben, mit der geseihten Brühe übergießen und kalt stellen. Im Kühlschrank hält er längere Zeit.

GEBACKENE KARTOFFELN MIT THUNFISCH-FÜLLE

für 4 Personen

4 Kartoffeln, mit der Schale
  gebacken
$^1/_4$ Tasse grüne Paprikaschote,
  gewürfelt

1 Dose Thunfisch
$^1/_2$ Tasse Mayonnaise
$^1/_4$ Tasse Schalotten oder
  Porree, klein geschnitten

Gebackene Kartoffeln der
Länge nach aufschneiden
und vorsichtig aushöhlen.
Das Innere mit den anderen
Zutaten vermengen und in
die ausgehöhlten Kartof-
feln füllen. 10 Minuten bei
180°C backen.

THUNFISCH-PLÄTZCHEN

etwa 6 Plätzchen

1 Dose Thunfisch
1 kleine Zwiebel, fein
  gehackt
1 verquirltes Ei

$^1/_4$ Tasse Semmelbrösel
  oder Mazzemehl

Thunfisch ohne Saft mit
Zwiebel, Ei und Semmel-
bröseln vermengen.
Plätzchen formen und auf
beiden Seiten in Öl braten.

FISCHSUPPE

für 4–6 Personen

Kopf, Gräten, Schwanz und
  Flossen von einem großen
  Karpfen
$^1/_2$ Tasse Möhren, fein
  geschnitten
2 Löffel Grieß
2 Löffel Mehl
4 Löffel Butter oder
  Margarine
1 Tasse Schlagsahne
1 Eigelb
Salz, Pfeffer
Öl
5 Tassen Semmelwürfel

Gewaschene Gräten,
Schwanz und Flossen mit
dem Kopf ohne Augen und
Kiemen in etwa 1 l Salz-
wasser kochen. Wenn der
Fisch gar ist, in einen
größeren Topf durch-
seihen, noch etwa $^1/_2$–$^3/_4$ l
Wasser, Fleisch vom Kopf,

feingehackte Innereien und
im voraus auf 1 Löffel
Butter geröstetes Gemüse
zufügen, dann zugedeckt
$^1/_2$ Stunde langsam kochen.
Auf 1 Löffel Butter leicht
angerösteten Grieß und
eine helle Schwitze aus
2 Löffeln Mehl und

2 Löffeln Butter zugeben.
Noch kurze Zeit kochen,
geschlagene Sahne zufü-
gen und zuletzt vorsichtig
mit etwas Sahne verquirl-
tes Eigelb einrühren. Zur
Suppe auf Öl goldgelb
geröstete Semmelwürfel
reichen.

FARFEL

Ein anderes traditionelles Neujahrsgericht sind Farfel. Sie werden als Suppeneinlage oder als Beilage zu Fleisch verwendet. Der lockere, weiche Reibeteig ist ein Symbol für die Getreidekörner, die im neuen Jahr eine reiche Ernte bringen sollen.

GEDÜNSTETE FARFEL MIT FLEISCH

für 4–5 Personen

1 Tasse griffiges Mehl
1 Tasse Grieß
2 Eier
2 Teelöffel Salz
$^1/_2$ Teelöffel Pfeffer
500 g Rind- oder
   Geflügelfleisch, in Würfel
   geschnitten
2–3 Tassen Brühe oder
   Wasser
2 Löffel Geflügelschmalz
   oder Öl

Auf einem Holzbrett Mehl, Grieß und Eier zu einem sehr festen Teig verarbeiten, in 3 Teile schneiden und jeden Teil nochmals durchkneten. Ist der Teig nicht fest genug, noch Mehl zugeben, dann grob reiben. Die geriebenen Farfel bis zum nächsten Tag auf dem Brett trocknen lassen. Am folgenden Tag in der mäßig erhitzten Röhre hellbraun rösten. Bilden sich größere Klümpchen, kann man die Farfel noch ausrollen. Farfel in Öl oder Hühnerschmalz leicht bräunen. Fleisch dazugeben und alles mit Brühe oder Wasser übergießen, salzen, pfeffern und in die mäßig erhitzte Röhre (etwa 150°C) stellen. Zugedeckt dünsten, bis die Farfel die Flüssigkeit aufgenommen haben und weich sind.

Farfel können auch als Suppeneinlage verwendet werden. In diesem Fall läßt man sie nur in der Röhre trocknen und röstet sie nicht. Man kocht sie 30 Minuten in Salzwasser oder direkt in der Suppe.

KREPLACH

Eine Schüssel mit Kreplach, kleinen, mürben, mit Hackfleisch gefüllten Täschchen, ist eine Zierde jeder Festtafel. Auf keinen Fall sollten sie jedoch an den Feiertagen Simchat Tora, Purim, Schawuot und am Vorabend des Jom Kippur fehlen. Die ersten drei dieser Feste sind von Freude und Fröhlichkeit erfüllt, am vierten herrscht eine ernste, feierliche Stimmung. Es ist der Tag von Gottes Gericht, und das sollen auch die Kreplach symbolisch ausdrücken: Die Fleischfülle bedeutet die strenge Gerechtigkeit, mit der uns Gott am Jom Kippur sein Urteil spricht, der dünne, feine Teig, der die Fülle bedeckt, ist das Symbol der Milde und Barmherzigkeit, mit denen er, wie wir hoffen, die Strenge seines Richterspruchs überdecken wird.

Formen von Kreplach

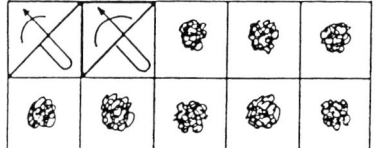

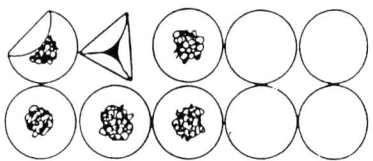

KREPLACH

für 4 Personen

Teig:

1 Tasse halbgriffiges Mehl
1 Ei
2 Löffel Wasser
¹/₄ Teelöffel Salz

Aus Mehl, Ei und Wasser einen Teig bereiten und sehr dünn ausrollen. 5–7 cm große Quadrate ausstechen, in ihre Mitte einen Teelöffel Fülle geben und den Teig so einschlagen, daß ein Dreieck entsteht. Die Ränder fest zusammendrücken. Kreplach etwa 20 Minuten in Salzwasser kochen oder in Öl auf beiden Seiten goldgelb backen. Die gekochten Kreplach werden in der Suppe oder mit gerösteten Semmelbröseln bestreut serviert.

Fülle:

1 Tasse gehacktes Rind- oder Hühnerfleisch
1 kleine Zwiebel, fein gehackt
1 Teelöffel Salz
¹/₂ Teelöffel Pfeffer
1 Löffel Öl oder Geflügelschmalz

Zwiebel auf Fett bräunen, Fleisch zugeben und noch etwa 5 Minuten mit den Zwiebeln anbraten. Salzen, pfeffern und auskühlen lassen.
Kreplach mit Quarkfülle sind eine traditionelle Speise zu Schawuot.

Kreplach sind kleine Knödel aus ungegorenem Teig oder dreieckige Täschchen, die mit Hackfleisch gefüllt sind. Man ißt sie nur viermal im Jahr. Einer dieser hochwichtigen Anlässe ist das Wochenfest. An diesem Feiertag werden die Kreplach aber nicht mit Fleisch gefüllt, sondern man füllt sie mit Quark und kocht sie selbständig. Wenn Sie niemals Kreplach gegessen haben, ist Ihnen viel entgangen.

JIŘÍ LANGER: *Devět bran (Neun Tore)*

ENTE MIT APFELFÜLLE

für 4–6 Personen

Ente (2,5–3 kg)
2 Teelöffel Salz
$^1/_4$ Teelöffel Pfeffer
2 zerriebene Knoblauchzehen
3 Tassen Äpfel, in Würfel
  geschnitten

12 Backpflaumen
1 verquirltes Ei
4 Löffel Semmelbrösel
2 Teelöffel Zucker

Backflaumen über Nacht einweichen, dann mit heißem Wasser übergießen und vorsichtig entkernen.

Äpfel, Pflaumen, Ei, Semmelbrösel und Zucker vermengen. Die Ente mit der Masse füllen und zunähen. Mit einem Gemisch aus Salz, Pfeffer und Knoblauch bestreichen, die Haut leicht mit einer Gabel anstechen.

Etwa $^1/_2$ Stunde bei 200°C braten, dann die Temperatur drosseln und noch 2–3 Stunden braten, bis das Fleisch gar ist. Während des Bratens das ausgebratene Fett einigemal abschöpfen und Wasser oder Brühe zugießen.

HUHN MIT HONIG UND ORANGENSAFT

◄

für 6–8 Personen

Huhn (1–1,5 kg)
2 Eier, mit 2 Löffeln Wasser
  verquirlt
1 Tasse Mazzemehl oder
  Semmelbrösel

1 Teelöffel Salz
$^1/_2$ Teelöffel Pfeffer
Öl zum Bräunen
1 Tasse Wasser
$^1/_4$ Tasse Honig
1 Tasse Orangensaft
$^3/_4$ Teelöffel Ingwer

Huhn in Portionen zerlegen und erst in den mit

Wasser verquirlten Eiern, dann in den mit Pfeffer und Salz vermengten Semmelbröseln wenden. Statt Semmelbröseln kann man auch Mazzemehl verwenden. Öl erhitzen und die Geflügelportionen auf beiden Seiten bräunen, dann in eine Kasse-

rolle geben. Heißes Wasser mit Honig und Orangensaft vermischen und darübergießen, mit Ingwer bestreuen. Zugedeckt in der vorgeheizten Röhre (180°C) etwa 45 Minuten backen. Mit Reis servieren.

GANS MIT LEBERFÜLLE

für 4–5 Personen

Gans (1,5–2 kg)

Fülle:

3 Scheiben Weißbrot ohne
   Rinde
Öl (nach Belieben)
2 Eigelb
2 Eier
Geflügelbrühe oder Wasser
2–3 Löffel Gänse- oder
   Hühnerschmalz
1 größere Zwiebel, fein
   gehackt
Gänseleber
1 Teelöffel Salz
$^1/_2$ Teelöffel Pfeffer

$^1/_2$ Teelöffel Ingwer
2 geriebene
   Knoblauchzehen
$^1/_2$ Teelöffel gemahlener
   Kümmel (nach Belieben)

In Würfel geschnittenes
Brot in der Röhre oder in
Schmalz gründlich trock-
nen, mit Suppe oder

Wasser anfeuchten. Eigelb,
Eier und die auf den glasig
gedünsteten, feingehack-
ten Zwiebeln gebräunte
Leber zugeben. Mit Salz,
Pfeffer, Ingwer, geriebe-
nem Knoblauch, eventuell
auch Kümmel abschmek-
ken und alles gut verrühren.
Die Gans salzen und die

Bauchhöhle, eventuell auch
den Raum unter der Haut
auf der Brust füllen,
zunähen oder mit Stahl-
nadeln zusammenstecken,
langsam etwa 2 Stunden
bei 180°C braten, dabei die
Gans mit dem Bratsaft
übergießen.

GEFÜLLTE KALBSBRUST

für 8 Personen

2 kg Kalbsbrust
1 1/2 Teelöffel Salz
1/2 Teelöffel Pfeffer
1 Teelöffel Paprika (edelsüß)
2 geriebene Knoblauchzehen
3 Löffel Fett
1/2 Tasse siedendes Wasser

Fülle:

2 Tassen rohe Kartoffeln, grob
   gerieben
1 kleine Zwiebel, fein gehackt
4 Löffel Kartoffelmehl
1 Ei
1 1/2 Teelöffel Salz
1/4 Teelöffel Pfeffer

Aus dem Fleisch die Knochen herauslösen, mit einem scharfen Messer eine Tasche einschneiden. Kartoffeln, Kartoffelmehl, Ei, Zwiebel, Salz und Pfeffer vermengen und die Fülle in die Tasche streichen. Das Fleisch zunähen, mit Salz, Pfeffer, Paprika und Knoblauch bestreichen, in eine Pfanne mit zerlassenem Fett geben, 1/2 Tasse siedendes Wasser zugießen und etwa 1 1/2 Stunden bei 180°C braten, 3/4 Stunden auf einer Seite, dann wenden und fertig braten. Beim Braten das Fleisch mit dem eigenen Saft begießen, wenn nötig, etwas Brühe zugeben. Bleibt Fülle übrig, formt man eine Rolle daraus und gibt sie zum Fleisch, 1/2 Stunde bevor es gar ist.

GULASCH AUS LAMMFLEISCH

für 5–6 Personen

1,5 kg Lammfleisch
4 Löffel Mehl
$^1/_2$ Teelöffel Pfeffer
1 Teelöffel Paprika
$^1/_2$ Teelöffel Salz
3 geriebene Knoblauchzehen
3 Löffel Öl oder
    Geflügelschmalz
2 feingehackte Zwiebeln
1 Tasse Tomatenmark
1 Tasse siedendes Wasser
1 Lorbeerblatt
1 grüne Paprikaschote, klein
    geschnitten
3 Kartoffeln, roh geschält und
    in Scheiben geschnitten
250 g tiefgekühltes Gemüse

Fleisch in größere Würfel schneiden, mit Knoblauch bestreichen, mit Paprika bestreuen, salzen, pfeffern und eine Stunde liegen lassen. Dann Fleischwürfel in Mehl wenden und mit der Zwiebel auf dem erhitzten Öl bräunen. Tomatenmark, Wasser und Lorbeerblatt zugeben und langsam $1^1/_2$ Stunden zugedeckt schmoren lassen, bis das Fleisch fast gar ist. Kartoffeln, Paprikaschote und aufgetautes Gemüse zugeben und alles noch 20–30 Minuten schmoren lassen.

ZIMMES

Zimmes sind eine der beliebtesten und auch süßesten Speisen der jüdischen Küche. Sie werden so geschätzt, daß ihr Name auch in die jiddische Umgangssprache Eingang gefunden hat. Mit jemandem Zimmes machen bedeutet so viel wie ihm allzu große, verdiente oder unverdiente Aufmerksamkeit schenken, Umstände mit ihm machen. Die Bezeichnung Zimmes wird meist mit dem Wort Zimt in Zusammenhang gebracht. Zimmes sind in unzähligen Varianten bekannt, und wenn man über genügend Phantasie verfügt, kann man sich immer noch weitere ausdenken. Am häufigsten werden Zimmes aus Kartoffeln, Möhren, Pflaumen und gedörrtem Obst zubereitet. In jedem Fall müssen sie möglichst viel Zucker oder Honig enthalten. Zimmes sind ein willkommenes Gericht für alle Festtage. Von besonderer symbolischer Bedeutung sind sie an Rosch ha-Schana, denn sie versinnbildlichen, ähnlich wie Lekach und andere Süßspeisen, unsere Hoffnung für das kommende Jahr.

MEJREN-ZIMMES (MÖHREN-ZIMMES)

für 5–7 Personen

1 kg Möhren
1 Teelöffel Salz
1 Teelöffel Zucker

1 Löffel Honig
1–2 Löffel Butter oder
   Margarine
$^1/_4$ Teelöffel Zimt
1 Löffel Orangensaft

Möhren putzen, waschen und in Scheiben schneiden. Mit Salz, Zucker, Honig und Butter oder Margarine vermengen.

Zimt und Orangensaft zufügen, gut vermengen, mit Wasser übergießen und auf kleiner Flamme $1^1/_2$ Stunden dünsten.

APFEL-KUCHEN

für 5 Personen

6 Äpfel
3 Löffel Zucker
$\frac{1}{2}$ Teelöffel Zimt
3 Löffel Orangensaft
5 Löffel halbgriffiges Mehl
1 Teelöffel Backpulver
4 Löffel Margarine
5 Löffel brauner Zucker
1 Ei
$\frac{1}{4}$ Tasse Nüsse, fein gehackt

Äpfel schälen, Gehäuse entfernen, in Scheiben schneiden, Zucker, Zimt und Orangensaft zugeben. Alles leicht vermengen und in eine gefettete Form füllen. In einer Schüssel Mehl mit Backpulver vermischen, Margarine zufügen und mit der Hand zu Streuseln verarbeiten. Mit Ei und Nüssen vermengten braunen Zucker zugeben. Die Masse über die Äpfel schichten und in der Röhre bei 180°C backen.

MEJREN-KUGEL (MÖHREN-KUGEL)

für 8 Personen

2 Tassen Zucker
1¹⁄₂ Tassen Öl
3 Tassen Möhren, roh
  geraspelt
4 Eier
³⁄₄ Tasse geriebene Nüsse
3 Tassen halbgriffiges Mehl
2 Teelöffel Backpulver
2 Teelöffel Speisesoda
1 Prise Salz
2 Teelöffel Zimt

Glasur:

1 Tasse Quark
2 Löffel Puderzucker
1 Löffel Margarine
1 Löffel Zitronensaft

In einer Schüssel Öl und Zucker schaumig rühren, unter ständigem Rühren Möhren, ein Ei nach dem anderen, Nüsse, mit Backpulver vermischtes Mehl, Speisesoda, Salz und Zimt zugeben. In einer gefetteten, bemehlten Form etwa 1 Stunde in der vorgeheizten Röhre bei 180°C backen. Nach dem Abkühlen mit der Glasur bestreichen (alle Zutaten vermengen).

TEJGLACH

30–40 Stück

Teig:

4 Eier
$^1/_2$ Eierschale Wasser
3 Löffel Öl
1 Teelöffel Zucker
$2^1/_2$ Tassen halbgriffiges Mehl
$^1/_2$ Tasse Nüsse, grob gehackt
1 Teelöffel Backpulver
1 Prise Salz

Sirup:

500 g Honig
$^3/_4$ Tasse brauner Zucker
4 Tassen Wasser
2 Teelöffel Ingwer

Zu den mit Wasser verquirlten Eiern Öl, Zucker und portionenweise mit Salz und Backpulver vermischtes Mehl zugeben. Zu einem geschmeidigen Teig verarbeiten.
Aus einem walnußgroßen Stückchen Teig auf dem bemehlten Brett ein 1,25 cm dickes Röllchen formen. Etwa 1 cm vom Rand ein größeres Nußstückchen in den Teig drücken und schneckenförmig zusammenrollen. Diesen Arbeitsgang so lange wiederholen, bis der ganze Teig verbraucht ist. Die Tejglach auf ein gefettetes Blech legen und bei 180°C etwa 20 Minuten hellbraun backen. Inzwischen den Sirup vorbereiten. In einer großen Kasserolle Honig, Zucker, Wasser und 1 Teelöffel Ingwer zum Sieden bringen. Etwa 15 Minuten kochen, bis sich der Zucker vollständig aufgelöst hat. Die Tejglach nacheinander in die Kasserolle mit dem Sirup werfen und zugedeckt 20 Minuten kochen. Danach von Zeit zu Zeit vorsichtig mit einem Holzlöffel umrühren und noch 40 Minuten kochen lassen. Den zweiten Teelöffel Ingwer zugeben und noch 30 Minuten kochen, bis die Tejglach goldgelb sind und hohl klingen. Wenn sie fertig sind, $1^1/_2$ Tassen kaltes Wasser zugeben und mit einem Schaumlöffel herausnehmen. Auskühlen lassen und servieren.

LEKACH

Lekach ist die jiddische Bezeichnung für Honigkuchen, eine traditionelle Speise der osteuropäischen Juden. Zum erstenmal wird es am ersten Abend des Neujahrsfestes gereicht und dann noch oftmals während der Hohen Feiertage bis zum Jom Kippur. In dieser Zeit ist es üblich, süße Speisen zu genießen, als Symbol für die Hoffnung auf ein „süßes" neues Jahr. Lekach wird aber nicht nur zu Neujahr gegessen. Man serviert es bei vielen festlichen Mahlzeiten, vor allem bei Hochzeiten oder bei der Geburt eines Kindes.

LEKACH

für 8–10 Personen

1 Tasse starker Kaffee
$1^3/_4$ Tassen Honig
3 Löffel Kognak (nach Belieben)
4 Eier
4 Löffel Öl
$1^1/_4$ Tassen brauner Zucker
$3^1/_2$ Tassen Mehl
3 Teelöffel Backpulver
1 Teelöffel Speisesoda
1 Teelöffel Zimt
$1/_4$ Teelöffel geriebene Nelken
$1/_2$ Teelöffel Ingwer
$1/_4$ Teelöffel geriebene Muskatnuß
$1/_2$ Tasse Mandeln oder Nüsse, gehackt
$1/_2$ Tasse Rosinen

Mit Honig vermischten Kaffee kurz aufkochen, auskühlen lassen und Kognak zugeben. In einer großen Schüssel Eier mit Zucker und Öl schaumig rühren. In einer anderen Schüssel Mehl mit Backpulver, Speisesoda, Zimt, Nelken, Muskat, Ingwer, Mandeln oder Nüssen und Rosinen vermengen. In die Schüssel mit den Eiern abwechselnd Mehl und Kaffee mit Honig zugeben. Die Masse in eine gefettete Form füllen und etwa 70 Minuten bei 180°C backen.

SUKKOT

חג הסוכות Laubhüttenfest, Erntefest, Freudenfest – so wird der Feiertag genannt, der am 15. Tag des Monats Tischri, keine ganze Woche nach Jom Kippur, beginnt. Die Zeit der Buße ist vorüber, nun beginnt die Zeit der Freude. „Das Laubhüttenfest sollst du halten sieben Tage, wenn du eingesammelt hast von deiner Tenne und von deiner Kelter, ... Sieben Tage sollst du dem Herrn, deinem Gott, das Fest halten an der Stätte, die der Herr erwählen wird. Denn der Herr, dein Gott, wird dich segnen in deiner ganzen Ernte und in allen Werken deiner Hände; darum sollst du fröhlich sein" (Dtn. 16, 13–15). Zur Zeit des Tempels in Jerusalem war Sukkot das prächtigste aller Wallfahrtsfeste. Es wurde in einer Atmosphäre sorgloser Fröhlichkeit und Danksagungen für den Erntesegen gefeiert. Tausende von Pilgern strömten in den Tempel, um den Segen des Herrn für die Früchte ihrer Felder und Weinberge zu erbitten. Die Straßen der Stadt waren mit bunten Obst- und Blumengirlanden, breiten Fächern aus Palmenblättern und Ölbaumzweigen geschmückt. Die ganze Stadt war erfüllt von den Farben und Gerüchen des Herbstes. Sukkot nahm aber nicht nur wegen der Pracht und des glänzenden Aufwands der Erntefeier eine Ausnahmsstellung ein. „Sieben Tage sollt ihr in Laubhütten wohnen..., daß eure Nachkommen wissen, wie ich die Israeliten habe in Hütten wohnen lassen, als ich sie aus Ägyptenland führte" (Lev. 23, 42–43), heißt es in der Tora. Die Menschen verließen ihre Wohnstätten und zogen für sieben Tage in Hütten.

Die biblischen Feiern des Sukkotfestes leben nur in der Erinnerung fort, das Errichten einer Sukka wird jedoch bis zum heutigen Tag eingehalten. Mit ihrem Bau beginnt man gleich nach Jom Kippur, und da sie für ganze sieben Tage zum Heim der Familie werden soll, scheut man keine Mühe, um sie so behaglich wie möglich einzurichten. Wie sieht eine solche Sukka eigentlich aus? Das hängt von den Möglichkeiten, der Geschicklichkeit und der Phantasie jedes einzelnen ab. Neben kleinen, bescheidenen, auf enge Balkons gezwängten Sukkot findet man prunkvolle, verschwenderisch ausgeschmückte Laubhütten von beträchtlicher Größe, die stolz in Höfen und Gärten zur Schau gestellt werden. Eine richtig gebaute Sukka muß aber bestimmte Bedingungen erfüllen. Vor allem sollte sie so groß sein, daß ein Tisch darin Platz findet, an dem womöglich die gan-

◄

Misrach. Slowakei (Prešov), 18. Jahrhundert

Bau einer Sukka. Italien, um 1470

ze Familie während der Festtage ihre Mahlzeiten einnehmen kann. Es genügt, wenn die Hütte drei feste Wände hat, die dem Ansturm des Windes widerstehen. Man baut sie aus Holzbrettern, Ziegeln, Steinen oder Metallstangen. Der wichtigste Teil ist das Dach. Es wird mit Zweigen, Laub, Stroh, Reisig oder anderem Material aus der Natur so gedeckt, daß es durchscheinend ist und man nachts die Sterne sehen kann. Die Sukka sollte nicht nur verhältnismäßig bequem sein, sondern auch einen gefälligen Anblick bieten. Deshalb wird sie festlich ausgeschmückt. Die Wände behängt man mit roten Äpfeln, grünen und blauen Trauben, Paprikafrüchten, Auberginen, Maiskolben, in warmen Gebieten auch mit Datteln, Feigen, Orangen, Granatäpfeln, kurz mit allen Obst- und Gemüsearten, die im Herbst reifen und für ein bestimmtes Gebiet typisch sind.

Der Aufenthalt in der Sukka ist das Hauptgebot für diese Feiertage. Wir sollten jedes Gebot Gottes mit Freude erfüllen, für Sukkot gilt dies aber ganz besonders. Man betritt die Sukka am ersten Abend des Festes, um dort die erste Festmahlzeit einzunehmen. Man setzt sich erst nach Sonnenuntergang an den Tisch, wenn drei Sterne am Himmel erschienen sind. Als Speise wird alles im Herbst erhältliche Obst und Gemüse gereicht, das auf alle erdenkliche Weisen zubereitet wird. Es gibt gesalzene und süße Speisen mit einer Fülle aus Obst oder Gemüse, bunte, duftende Salate, Nachspeisen aus Obst und natürlich auch frisches Obst und Gemüse. Wird die Feier aber durch die Ungunst des Wetters getrübt, genügt es, in der Sukka alle vorgeschriebenen Segenssprüche zu sagen, einen Schluck Wein zu trinken und einen Bissen Brot zu essen. Das Abendessen kann dann in der Wohnung aufgetragen werden. Soweit es das Wetter zuläßt, wird man während der sieben Tage des Festes wenigstens die beiden Hauptmahlzeiten in der Sukka einnehmen, fromme Juden schlafen auch dort. Daneben ist die Sukka als Wohnstätte Gottes vor allem ein geeigneter Ort für das Studium der Schrift und für Diskussionen über die Gebote der Tora. Die provisorische Wohnstätte steht jedem offen, der eintreten will. Das betrifft nicht nur Gäste aus Fleisch und Blut; in die Laubhütte werden auch sieben heilige Gäste, die Uschpisin, eingeladen: die Stammväter Abraham, Isaak und Jakob, Moses, Aaron, Josef und David. Jeden Abend steigt einer von ihnen aus dem Garten Eden herab, um die Zeit der Freude mit uns zu teilen. Deshalb wird beim Eintritt in die Sukka eine vorgeschriebene Begrüßungsformel gesprochen und manchmal auch eine Tafel mit ihrem Text an die Wand gehängt.

„Ihr sollt am ersten Tage Früchte nehmen von schönen Bäumen, Palmwedel und Zweige von Laubbäumen und Bachweiden und sieben Tage fröhlich sein vor dem Herrn, eurem Gott...“ (Lev. 23, 40). Das sind die arba Minim, die vier Arten, die beim Sukkot-Gottesdienst verwendet werden. Am wichtigsten ist die Frucht des schönen Baumes, der Etrog, eine zitronenähnliche Frucht. Bei seiner Auswahl wird weder Zeit noch Mühe

Links: Kiddusch in einer Sukka.
Rechts: Purimball.
Italien, 15. Jahrhundert

*Tisch in der Sukka
mit Lulaw und Etrog*

gescheut, er muß frisch, schön gefärbt, regelmäßig und unbeschädigt sein. Wie wichtig dies für den gläubigen Juden ist, bringt folgende Erzählung zum Ausdruck: Ein armer Zaddik sah am Vortag des Sukkotfestes am Markt einen prächtigen Etrog und wünschte sich sehr, ihn zu erwerben. Er hatte aber kein Geld und entschied sich daher, seine kostbaren Teffilin (Gebetsriemen), die er von seinen Vorfahren geerbt hatte, zu verkaufen und für den Erlös den Etrog zu erstehen. Als er dies zu Hause stolz seiner Frau erzählte, ärgerte sie sich sehr über ihn und warf den Etrog wütend auf den Boden, so daß man ihn nicht mehr gebrauchen konnte. Da sagte der Zaddik: „Die Teffilin habe ich verkauft, um den Etrog bin ich gekommen, soll ich etwa noch in die Grube des Zorns fallen?"

Der Zweig der Dattelpalme wird hebräisch Lulaw genannt, das Myrtenästchen Hadas und der Weidenzweig Arawa. Nach welchen Kriterien sie ausgewählt werden sollen, erfahren wir aus dem talmudischen Traktat Sukka, das auch ihre genaue Zahl angibt. Zur Erfüllung des Gebotes benötigt man einen Palmenzweig, zwei Weidenzweige und drei Myrtenästchen. Am Schluß des Morgengebetes nimmt man an jedem Tag des Festes mit Ausnahme des Sabbats den Etrog in die linke Hand und den Strauß aus Lulaw, Hadas und Arawa in die rechte und spricht einen besonderen Segensspruch. An bestimmten Stellen des Gottesdienstes schwingt man den Strauß in alle Weltrichtungen und dann auf- und abwärts, um so Gottes Herrschaft über die ganze Welt symbolisch auszudrükken. Darüber hinaus versinnbildlicht jede der vier Arten die guten sowie die weniger vorteilhaften Eigenschaften des Volkes Gottes (Wajikra Raba 30). Der Etrog ist wohlschmeckend und wohlriechend, wie die Juden, die die Tora studieren und gute Taten vollbringen. Die Datteln haben einen guten Geschmack, riechen aber nicht. Deshalb verkörpert der Lulaw diejenigen, die eifrig die Tora studieren, dies jedoch nicht mit guten Taten verbinden. Bei der Myrte ist es umgekehrt: sie duftet, aber man kann sie nicht essen. Das sind diejenigen, die gute Taten vollbringen, aber das Studium der Tora vernachlässigen. Und endlich die Weide hat weder Geschmack noch Geruch, genauso wie das Leben derer, die weder die Tora studieren noch gute Taten vollbringen. Sie alle aber sind zu einem festen und unlösbaren Bund vereint, ähnlich wie Etrog, Lulaw, Hadas und Arawa. Sie sind aufeinander angewiesen und ergänzen sich gegenseitig. Die Sünder sün-

Etrogbehälter

digen, die Frommen und Gerechten tun Buße für sie und waschen sie durch ihre Taten rein. Nach einer anderen Deutung (Midrasch Agada) entsprechen die vier Arten den einzelnen Körperteilen: der Etrog dem Herzen, der schlanke, aufrechte Lulaw der Wirbelsäule, der Hadas dem Auge, die Arawa dem Mund.

Nach dem Mussaf, dem Zusatzgebet, findet an jedem Tag des Festes eine Zeremonie statt, die Hoschanot genannt wird. Dabei umkreisen der Rabbiner, der Kantor und die versammelten Gläubigen mit dem Feststrauß die Bima, das Vorlesepult. Bei dieser Prozession wird um Erlösung und Erneuerung des Tempels gebetet. Hoscha-na bedeutet erbarme dich bitte, hilf! Und das hat der Zeremonie ihren Namen gegeben. Den Höhepunkt des Festes bildet der siebente Tag, der Hoschana raba genannt wird. An diesem Tag wird die Bima siebenmal umschritten. Dabei schlägt man mit den Weidenzweigen auf den Boden. Ihre abfallenden Blätter symbolisieren das Abfallen der Sünden, den Regen, der vom Himmel fällt und auch den ewigen Kreislauf des Lebens in der Natur. Dieser Tag wird häufig als Epilog des Versöhnungstages aufgefaßt, deshalb genießt man auch dieselben Speisen wie an den Hohen Feiertagen, runde Challot, Honigkuchen, Backwerk und mit Fleisch gefüllte Kreplach. Mit diesem Tag endet das Sukkotfest, aber daran schließen noch zwei Feiertage an. „Am achten sollt ihr Festversammlung halten; keine Arbeit sollt ihr an diesem Tage tun..." (Num. 29, 35). Der achte Tag des Sukkotfestes war

Torawickel, Detail. Mähren, 18. Jahrhundert

der Tag der festlichen Versammlung und der Ruhe. Seit der Einweihung des ersten Tempels und der Rückkehr aus der babylonischen Gefangenschaft wird er am 22. Tischri als eigener Feiertag begangen und Schmini Azeret, Fest des achten Tages, genannt. Nach der Überlieferung hält Gott an diesem Tag Gericht über alles Wasser der Welt und wir bitten ihn, uns das ganze Jahr ausreichend Regen zu bescheren und uns vor Überschwemmungen zu schützen. Dieser Bitte wird im Gebet um Regen, Tefilat Geschem, dem wichtigsten Teil des festlichen Zusatzgebetes, Ausdruck verliehen. In Israel fällt Schmini Azeret mit dem Torafreudenfest, Simchat Tora, zusammen, das in den Ländern der Diaspora einen Tag später, am 23. Tischri gefeiert wird. An diesem Tag beschließt man die ganzjährige Verlesung des Pentateuch und beginnt von neuem vom ersten Vers der Genesis zu lesen.

Der Simchat Tora-Gottesdienst ist der freudigste im ganzen Jahr. Alle Torarollen werden aus der heiligen Lade gehoben, und die Gläubigen tragen sie siebenmal um die Bima herum. Hinter den Erwachsenen hüpfen ausgelassen die Kinder und schwingen kleine Fahnen aus buntem Papier. Alle singen traditionelle und moderne hebräische und jiddische Lieder und tanzen. „Der Herr ist vom Sinai gekommen und ist ihnen aufgeleuchtet von Seïr her. Er ist erschienen vom Berge Paran her und ist gekommen mit viel tausend Heiligen; zu seiner rechten Hand ist ein feuriges Gesetz an sie" (Dtn. 33, 2). Mit diesen Versen beginnt die letzte festliche Sidra. Man liest so lange, bis alle Männer, die das religionsmündige Alter erreicht haben, zur Verlesung aufgerufen wurden. Bei den Aschkenasim ist es Brauch, zur fünften Verlesung alle Kinder aufzurufen. Unter einem großen Tallit (Gebetmantel) aus Wollstoff als Chuppa (Baldachin) wiederholen sie den Segen über die Tora, und ihnen wird der biblische Segen Jakobs erteilt. Das letzte der fünf Bücher Mose ist zu Ende gelesen und es beginnt von neuem: „Am Anfang schuf Gott Himmel und Erde."

Nach der Vernichtung des zweiten Tempels wurde es in Jerusalem zur Gewohnheit, am Sukkotfest auf den Ölberg gegenüber dem Tempel zu steigen und dort zu beten. Zu Hoschana raba, dem siebenten Tag des Sukkotfestes, pflegte man den Berg siebenmal zu umschreiten und in Richtung des Tempels zu blicken. Um das Fest hier zu begehen, strömten die Juden aus den umliegenden Ländern, ja sogar aus Übersee, nach Jerusalem. Da war es freilich nötig, für ihre Unterkunft zu sorgen, und deshalb wurden auf den Höfen der Synagogen und auf den Dächern der Häuser große, gemeinschaftliche Laubhütten errichtet, trotzdem jeder eine solche Sukka für sich baute und darin aß, trank, die Tora studierte und auch schlief. Eine wichtige Tradition in Jerusalem war es auch, vor dem Eingang in die Laubhütte ein Tuch auszubreiten. Das war ein Zeichen für die Vorübergehenden, sie seien eingeladen einzutreten und an der festlichen Mahlzeit teilzunehmen. Wurde das Tuch fortgenommen, bedeutete das, die Mahlzeit sei beendet und niemand mehr solle die Hütte betreten. Trotzdem wird aber die Hütte von Gästen besucht, ob nun das Tuch ausgebreitet ist oder nicht. Zu ihren Besuchern gehören nämlich auch die sieben „Uschpisin", Gäste, die sehen, aber nicht gesehen werden, der verehrte Abraham, sein Sohn Isaak, der Patriarch Jakob, der getreue Mose, der heilige Priester Aaron und der messianische König David.

Jeden Tag führt einer von ihnen den Vorsitz über die heilige Gesellschaft, die die Hütte besucht.

PHILIP GOODMAN: *The Sukkot and Simchat Torah*

Torawickel, Detail. Mähren, 18. Jahrhundert

Auf dem Hof steht eine Sukka – eine Laubhütte –, die ich für die Festtage gebaut habe, und der ganze Wald sieht aus wie eine große Laubhütte Gottes. Ich glaube, Gott feiert Sukkot hier und nicht in der Stadt, wo alle fortwährend so eilen, daß sie kaum zu Atem kommen, nur um ein Stückchen Brot zu ergattern.

Wie gesagt, der Vorabend des siebenten Tages von Sukkot ist angebrochen. Der Himmel ist dunkelblau, die Sterne leuchten und funkeln, ändern ihre Farben und blinzeln, mit Verlaub zu sagen, wie die Augen eines Sterblichen.

... „Sei still, Golde", sage ich, „hast du denn vergessen, daß heute die Nacht des siebenten Sukkottages ist? In dieser Nacht wird im Himmel über unser Schicksal entschieden und das Urteil bestätigt. Diese Nacht muß man durchwachen. Höre mich an, Golde, sei so gut, zünde den Samowar an und mach Tee, ich gehe inzwischen die Pferde einspannen. Ich werde mit Hodl zum Bahnhof fahren."

SCHOLEM ALECHEM: *Die Geschichten Tewjes des Milchhändlers*

In jenem Jahre waren die Etrogim überaus rar, und nach Korez war nicht ein einziger gekommen. Am ersten Festtag wartete die Gemeinde mit dem Beten, ob nicht doch noch von einer der benachbarten Städte, an die man sich darum gewandt hatte, einer gebracht würde. Schließlich ordneten die Vorsteher an, es solle mit dem täglichen Morgengebet begonnen werden, unterdes würde doch wohl noch ein Bote kommen. Aber das Morgengebet wurde beendet, und noch war niemand zu sehen. Man wies nun den Vorbeter an, mit der Festliturgie zu beginnen. Zögernd ging er zum Pult. Aber noch hatte er den Segen nicht gesprochen, als der schwarze Melammed hinterm Ofen hervortrat, auf den Vorbeter zuging und ihn ansprach: „Du sollst noch nicht beginnen." Dann begab er sich an seinen Platz hinterm Ofen zurück. Die Leute hatten nichts gemerkt; erst als der Vorbeter, befragt, warum er nicht endlich beginne, auf Rabbi Pinchas hinwies, stellten sie diesen unwirsch zur Rede. „Zur rechten Zeit", gab er Bescheid, „wird der Etrog kommen." „Was heißt das", fuhren sie ihn an, „zur rechten Zeit?" „In einer Stunde." ... Noch war die Stunde nicht vergangen, da meldete man, ein berittener Bauer stehe draußen, der habe etwas für Rabbi Pinchas gebracht. Es war der Etrog mit einem Brief... Rabbi Pinchas nahm den Etrog, ließ sich den Palmstrauß reichen und sprach den Segen.

MARTIN BUBER: *Die Erzählungen der Chassidim*

Die Feiertage begingen wir mit großem Prunk. Wir Kinder hatten natürlich das Laubhüttenfest (Sukkot) am liebsten.

Zur Erinnerung daran, daß unsere Vorfahren in der Wüste 40 Jahre in Hütten gelebt haben, nehmen auch wir Nachkommen acht Tage lang unsere Mahlzeiten in einer Hütte (Sukka) ein. Eine solche Sukka war an unser Haus angebaut. Die Decke bildete ein schönes Holzgitter, über dem sich eine Klappe befand, und auf dem Dach war auch eine Klappe. Schon eine Woche vor dem Fest begannen wir unsere Hütte herzurichten und auszuschmücken. Der Stern wurde mit neuem Silberpapier beklebt, aus buntem Papier verfertigte ich Ketten und befestigte daran vergoldete Nüsse. Dann durchstreifte ich mit einem Korb in der Hand die ganze Umgebung auf der Suche nach Blumen. Ich ging bis in den Fasanengarten und ins Hagebuchengehölz zum Förster Reisig holen. Am Abend vor dem Fest war alles fertig. Das Holzgitter und das Dach waren mit Reisig geschmückt, die Klappen waren geöffnet und in der Hütte war alles blitzblank. Nach dem Gottesdienst nahmen wir alle darin Platz, Mutter tischte ein reichhaltiges, heißes Abendessen auf, weil die Speisen in dem offenen Raum ohne Decke rasch auskühlen, und wir nahmen eine festliche Mahlzeit ein. Ich war glücklich, wenn mein Vater meine Arbeit lobte, die die ganze Woche gedauert hatte.

SIMON WELS: *U Bernátů (Bei Bernáts)*

Bauern bringen Laubwerk und Reisig aus den Wäldern gefahren – die wissen es gut, wenn sich die Juden freuen wollen. Das ist dann ein Handeln und Feilschen und Drängen um den Waldesschmuck. Besonders gefallen mir die Kinder. Mit dem Laubwerk auf dem Kopf und unter dem Arm rennen die Knaben und Mädchen durch die Gasse. Die alten hohen Häuser scheinen jung zu werden und zu lachen. Nun werden die Sukkes aufgeschlagen. Kinder bringen den lange vorher bereiteten Schatz von vergoldeten Äpfeln, Nüssen und Papierschnitzeln und schmücken die Wände. Um diese Zeit haben die herumwandernden Bilderhändler den besten Markt. Die Kleinen geben ihren letzten Groschen aus, um einige farbige Kleckse zu erhaschen. Nun wird das Laub gelegt, zwischendurch leuchten lange papierne Ketten und farbige Lämpchen. Dann kommt der Vater oder die Mutter und beschauen das Werk der Kinder, die stolze funkelnde Pracht an Laubwerk und Wänden. Zuweilen nimmt der Vater selbst noch eine Axt und zimmert daran den Schluß.

...Zum Laubhüttenfest gehört noch der Lulew (Palmzweige) und der Eßrog (sogenannte Äpfel aus Corfu). Kleinasien und die jonischen Inseln sind die Heimat des Eßrogs – und wohl duftet er wie das Hohe Lied Salamons. Rührend ist die Sorgfalt, die man so einem Eßrog angedeihen läßt. Da darf kein Makel daran sein, sonst ist sein Gebrauch Sünde. Reiche Leute prunken mit seinem Besitze; sie haben silberne Büchsen, worin die schöne Frucht auf weichen Flachs gebettet liegt. Bei dem großen Hoschianah in der Synagoge wird der Lulew mit dem Eßrog unter mystischen Bewegungen auf- und niedergesenkt. Das ist dann ein Rauschen und Aufeinanderschlagen der Blätter, als wäre es mitten im Wald.

LEOPOLD KOMPERT: *Geschichten aus dem Ghetto*

Simchat-Tora fiel auf einen Freitag. Den ganzen Tag ging Esriel von einem Kiddusch zum anderen. Er trank mit den Feiernden herben Wein, süßen Wein, Met mit Nüssen und Bier. Er aß Strudel, Kuchen, Torten, und Zippele bot ihm Wirsing mit Rosinen und Kräutersoße an. Er war überessen und angeheitert.

Ja, für die Chassidim war der heutige Tag das Fest des Jubels über die Tora. Es dunkelte. Nach Sonnenuntergang sprachen die Frauen eilig den Segen über die Kerzen. Zippeles Dienstmädchen Kaile bereitete das Essen für den Sabbat zu und füllte die Backröhre mit Teig. Bald würde man das Lied „Der Braut entgegen..." anstimmen, und alle würde Sabbatstimmung überkommen. Und am Samstag würde man wieder beginnen, die ersten Absätze der Genesis zu verlesen. Am Abend ging man wieder in die Synagoge. Die Kerzen und Petroleumlampen brannten noch. Der Fußboden war ausgefegt und mit gelbem Sand bestreut. Die Chassidim trugen das Hohelied vor. Der Vorbeter trat an das Pult und begann: „Tritt näher, laß uns über den Herrn jubeln..."

ISAAC BASHEVIS SINGER: *Simchat Tora*

In seiner Jugend litt Rabbi Jissachar Bär große Not. In einem Jahr mußte er wie vor, so auch nach dem Versöhnungstag manchen Tag fasten, und als das Hüttenfest herankam, hatte er nichts im Haus, es festlich zu begehen. So blieb er nach dem Gebet im Lehrhaus, denn er wußte, daheim gab es nichts zu essen. Es hatte aber seine Frau, ohne ihm etwas davon zu sagen, ein Schmuckstück, das sie noch hatte, verkauft und dafür Festbrote und Erdäpfel und Kerzen eingehandelt. Als nun der Rabbi gegen Abend heimkam und in die Laubhütte trat, fand er den Tisch festlich gedeckt und freute sich dessen. Er wusch sich die Hände, setzte sich und begann von den Erdäpfeln zu essen mit rechter Lust; denn er hatte tagelang fasten müssen. Wie er aber dessen inne wurde, wie sehr er mit dem Essen befaßt war, hielt er ein. „Berl", sagte er zu sich, „du sitzest ja nicht in der Hütte, du sitzest ja in der Schüssel!" Und er aß nicht mehr.

MARTIN BUBER: *Die Erzählungen der Chassidim*

Löwen aus dem Tabernakel. Böhmen (Bechyně), 1820

AUBERGINEN-SALAT MIT MAYONNAISE

für 3 Personen

1 mittelgroße Aubergine
3 Löffel Öl
$\frac{1}{2}$ große Zwiebel
1–2 Knoblauchzehen
3 Löffel Mayonnaise
Saft von $\frac{1}{2}$ Zitrone
Salz, Pfeffer

Die geschälte Aubergine halbieren, in Würfel schneiden, salzen und in Öl goldgelb rösten. In einer Schüssel Auberginen mit geriebenem Knoblauch, Zwiebelringen, Mayonnaise, Zitronensaft, Salz und Pfeffer vermengen. Über Nacht in den Kühlschrank stellen. Mit gerösteten Brotscheiben servieren.

MARINIERTER AUBERGINEN-SALAT

für 4–6 Personen

3 süße Paprikaschoten
1 mittelgroße Aubergine
1 Zwiebel, in Ringe
  geschnitten
500 g Tomaten, gehäutet und
  klein geschnitten
1 große Knoblauchzehe
5 Löffel Essig
Salz, Pfeffer
Öl zum Anbraten

Paprikaschoten in größere Stücke schneiden, Aubergine vierteln und in Querscheiben schneiden. Beides in Öl rösten, abtrocknen und in eine Glasschüssel geben. Tomaten, Zwiebel, geriebenen Knoblauch, Essig, Salz und Pfeffer zufügen und alles gut verrühren. Die Schüssel zudecken und mindestens für 2 Tage kalt stellen.

▶

*Oben: marinierter Auberginensalat.
Unten: Auberginensalat mit Mayonnaise*

AUBERGINEN-WICKEL

für 4 Personen

2 mittelgroße Auberginen
3 verquirlte Eier
Öl zum Backen
1 kleine Zwiebel, fein
  gehackt
2 Löffel gewiegte Petersilie
500 g mageres gehacktes
  Rindfleisch
1 Teelöffel Salz
1 Teelöffel Pfeffer
$^1/_2$ Teelöffel Zucker
$^1/_4$ Tasse Wasser
1 Tasse Tomatensaft
1 Löffel Hühnerschmalz oder
  parwe Margarine
3 Löffel Reis

Auberginen schälen, der Länge nach in 1–1,5 cm dicke Scheiben schneiden, in den verquirlten Eiern wenden und auf beiden Seiten in Öl bräunen. Herausnehmen und im selben Öl Zwiebeln und Petersilie rösten. Die übriggebliebenen Eier mit Fleisch, Salz, Pfeffer und Reis vermengen.
Masse zu den gerösteten Zwiebeln geben und weiterbraten, bis das Fleisch braun ist. Einen Teelöffel Fülle auf den Rand einer Auberginenscheibe legen und einwickeln.
Wickel in eine Pfanne legen, mit Zucker bestreuen, Wasser, Tomatensaft und Fett zufügen. In der vorgeheizten Röhre bei 180°C etwa 15 Minuten backen.

ÜBER-BACKENE AUBERGINE MIT KÄSE

für 4 Personen

1 große Aubergine
4 Eier
Öl
1 Tasse geriebener Parmesan,
  Cheddar oder anderer
  scharfer Käse
1 Tasse gekochter Reis oder
  gekochte, zerdrückte
  Kartoffeln
1 Löffel gewiegte Petersilie
1 Löffel frischer oder
  1 Teelöffel getrockneter
  Rosmarin

1 Löffel frisches oder
  1 Teelöffel getrocknetes
  Basilikum
2 große Tomaten,
  gehäutet und in
  Scheiben geschnitten
1 Teelöffel Salz

Aubergine in $\frac{1}{2}$ cm dicke
Querscheiben schneiden
und auf beiden Seiten in Öl
abraten. Die Hälfte der
Scheiben in eine mit Öl gut
ausgestrichene Form legen.

Die gut verrührte Masse
aus Eiern, Käse und Reis
oder Kartoffeln darauf-
schichten und mit der
zweiten Hälfte der Auber-
ginenscheiben bedecken.
Mit den gewiegten Kräu-
tern und mit Tomatenscheiben belegen. In der Röhre
$\frac{3}{4}$–1 Stunde bei Mittelhitze
(150˚C) backen, bis sich
eine Kruste gebildet hat.

GULASCH

für 10 Personen

1 kg Rindfleisch, in größere
    Würfel geschnitten
2 Löffel Öl
2 Zwiebeln, in dünne
    Scheiben geschnitten
1 Teelöffel Salz
$^1/_4$ Teelöffel Pfeffer
2 Teelöffel edelsüßer Paprika
1 grüne Paprikaschote
1–2 Tomaten, überbrüht und
    gehäutet

Zwiebeln auf dem Öl leicht
anrösten, Fleisch zugeben und
auf allen Seiten anbraten.
Salz, Pfeffer und Paprika
zufügen und langsam zuge-
deckt schmoren lassen. Wenn
das Fleisch halbgar ist,
zerkleinerte Paprikaschote
und Tomaten zugeben und

weiterschmoren, bis es gar
ist. Als Beilage können
Semmelknödel serviert
werden, die besonders in
Böhmen beliebt sind.

Semmelknödel:

3 Tassen griffiges Mehl
1 Ei
1 Eigelb
2$^1/_2$ Tassen Selterswasser
7 Semmeln, in Würfel
    geschnitten (sie dürfen
    keine Milch enthalten)

3 Teelöffel Backpulver
1$^1/_2$ Teelöffel Salz

Mit Salz und Backpulver
vermengtes Mehl in eine
große Schüssel geben, das
ganze Ei, Eigelb und
Selterswasser zufügen, zu
einem dünnen Teig ver-
arbeiten und noch etwa
15 Minuten in der
Schüssel durcharbeiten.
Den Teig 15 Minuten ruhen
lassen und dann portionenweise gewürfelte Semmeln

unterrühren. Der Teig muß
fest sein; wenn nötig, mehr
Semmeln zufügen. Auf
einem bemehlten Brett den
Teig mit einem Löffel in 5
gleiche Stücke teilen und
aus jedem eine etwa 7 cm
dicke Rolle formen.
Knödel 15–20 Minuten in
etwa 4 l Wasser kochen.
Mit dem Knödelschneider
oder einem Zwirnsfaden in
Scheiben schneiden,
solange sie noch heiß sind.

RINDFLEISCH MIT SAUERKRAUT

für 5–7 Personen

1 kg vorderes Rindfleisch, in
   Würfel geschnitten
2 feingehackte Zwiebeln
2 Löffel Öl
1 Teelöffel Salz
$1/4$ Teelöffel Pfeffer
1 Teelöffel edelsüßer Paprika
500 g Sauerkraut
1 Lorbeerblatt
1 Tasse siedendes Wasser
250 g Wurst aus Geflügel-
   oder Rindfleisch

Zwiebeln in Öl bräunen, Fleischwürfel zugeben und auf allen Seiten anbraten. Salz, Pfeffer und Paprika zufügen. Etwa $1/2$ Stunde zugedeckt langsam schmoren lassen. Sauerkraut zerkleinern, zum Fleisch geben und etwa 10 Minuten weiter schmoren, dann Lorbeerblatt zugeben, mit siedendem Wasser übergießen und schmoren lassen, bis das Fleisch gar ist. Lorbeerblatt herausnehmen, in Würfel geschnittene Wurst zugeben und noch kurze Zeit dünsten.

GEFÜLLTES GEMÜSE

für 4 Personen

8 süße Paprikaschoten,
    10 mittelgroße Karoffeln
    oder 3 kleine Zucchini

Fülle:

500 g mageres gehacktes
    Rind- oder Lammfleisch
1 kleine Zwiebel, fein gehackt
    oder geraspelt
2 Löffel frische Petersilie,
    fein gewiegt
1 Teelöffel Salz
$^1/_2$ Teelöffel Zimt
$^1/_4$ Teelöffel geriebene
    Muskatnuß
$^3/_4$ Teelöffel Pfeffer
1 großes Ei
$^1/_2$ Tasse Mazzemehl

Soße:

500 g Tomaten, gehäutet
    und in größere Stücke
    geschnitten
1 Tasse Tomatensaft
$^1/_2$ Tasse Wasser
2–3 geriebene
    Knoblauchzehen
$^3/_4$ Teelöffel Pfeffer
1 Prise Cayennepfeffer

Gemüse längs halbieren, Paprikaschoten von den Samen befreien, Stengel von den Zucchini abschneiden, die Früchte aushöhlen, so daß eine etwa 1,5 cm dicke Schicht übrigbleibt. Kartoffeln schälen, halbieren und aushöhlen. Alle Zutaten für die Fülle in einer Schüssel gut vermischen, so viel Mazzemehl zufügen, daß die Masse weder zu dünn noch zu dick ist. Das vorbereitete Gemüse bis zum Rand füllen. Tomaten, Saft und Wasser mit den anderen Zutaten für die Soße in eine Kasserolle geben und das Gemüse hineinlegen. Zum Sieden bringen und dann langsam zugedeckt 30–40 Minuten dünsten oder zugedeckt in der Röhre bei 150˚C backen.

KARTOFFEL-KNÖDEL

für 6 Personen

4 Tassen Kartoffeln, gekocht
  und gerieben
3 Teelöffel Salz
1 Tasse Grieß
1 Ei
$^1/_2$ Tasse Kartoffelmehl
$^3/_4$ Tasse griffiges Mehl
3 l Wasser

Die geriebenen Kartoffeln auf einem Brett mit Salz, Grieß, Kartoffel- und griffigem Mehl und dem Ei vermengen und zu einem Teig verarbeiten. Eine 5–6 cm dicke Rolle formen, in 4 Teile schneiden und daraus 4 längliche, an den Enden abgerundete Knödel formen. In siedendes Wasser legen und zugedeckt kochen. Während des Kochens wenden. Nach 15 Minuten einen Knödel aufschneiden, und wenn er gar ist, die anderen vorsichtig herausnehmen. Ist er noch nicht gar, ins Wasser zurückgeben und garkochen, jedoch nicht länger als 5 Minuten. Es empfiehlt sich, die Knödel zu schneiden, wenn sie ausgekühlt sind, und vor dem Servieren entweder im Wasserbad zu erwärmen oder auf Fett zu rösten. Man reicht sie als Beilage zu Fleisch oder Gemüse. Sehr lecker sind sie geröstet und mit gerösteten Zwiebeln bestreut.

HOLISCHKES

▶

Ohne Holischkes ist das Sukkotfest unvorstellbar. Mit diesem Namen werden gefüllte Weißkohlblätter bezeichnet, eine traditionelle Speise der osteuropäischen Juden. Dieses Gericht ist in verschiedenen Abwandlungen auch bei anderen Völkern bekannt, natürlich unter einem anderen Namen, wie Galupze in Rußland, Sarmali in Rumänien oder Dolmas in Armenien. Die Tradition dieser Speise reicht bis in biblische Zeiten zurück. Selbstverständlich verwendete man zu ihrer Zubereitung damals nicht Weißkohl, sondern die Blätter der Weinrebe, die auf den sonnenbeschienenen Hängen des Heiligen Landes wuchs.

HOLISCHKES (WEISSKOHL-WICKEL)

für 6 Personen

1 großer Kopf Weißkohl

Fülle:

750 g gehacktes Rindfleisch
$^1/_2$ Teelöffel Pfeffer
1 Teelöffel Salz
2 geriebene Knoblauchzehen
2 Eier
3 Löffel kaltes Wasser
1 mittelgroße Zwiebel, gerieben
4 Löffel roher Reis

Aus dem Weißkohlkopf den Strunk herausschneiden, kochen, abtropfen lassen und in einzelne Blätter zerlegen. Man kann den Kohl auch für 2 Tage einfrieren und vor dem Verarbeiten auftauen lassen. Die Blätter sind dann weich und müssen nicht gekocht werden. Hackfleisch mit geriebenem Knoblauch, Eiern, Reis, Salz, Pfeffer, Zwiebeln und Wasser vermengen. Auf jedes Blatt 1 Löffel Fleischfülle geben und einwickeln. In eine Kasserolle legen, mit Soße übergießen und bei 150°C etwa 1$^1/_2$ Stunden zugedeckt und eine weitere $^1/_2$ Stunde aufgedeckt backen.

Soße:

750 g Tomaten, gehäutet und klein geschnitten
$^1/_2$ l Tomatensaft
1 kleine Zwiebel gehackt
1 Knoblauchzehe
1 Löffel brauner Zucker
Salz, Pfeffer

Tomaten, Tomatensaft, Salz, Pfeffer, Zwiebeln, Knoblauch und braunen Zucker in einer Pfanne vermengen, zum Sieden bringen und etwa 15 Minuten leicht kochen lassen.

Eine andere Zubereitungsweise:

Zu Fülle und Soße statt Knoblauch $^1/_4$ Tasse Rosinen zufügen, nach 1$^1/_2$ stündigem Backen 3 Löffel Honig und $^1/_4$ Tasse Zitronensaft zugeben und noch $^1/_2$ Stunde leicht kochen lassen.

SCHLISCHKES (KARTOFFEL-NUDELN)

für 5–6 Personen

750 g Kartoffeln
1³/₄ Tassen griffiges Mehl
2 Löffel Kartoffelmehl
1 Ei
1 Eigelb
1 Teelöffel Salz
2 Löffel Geflügelschmalz
1 Tasse Semmelbrösel

Kartoffeln in der Schale kochen. Auf einem bemehlten Brett reiben, Salz, Mehl, Kartoffelmehl, Eigelb und ganzes Ei zugeben und zu einem Teig verarbeiten. Daraus zwei etwa 5 cm dicke Rollen formen. In 2 cm große Stücke schneiden, etwa 5 cm lange Röllchen formen. In siedendem Salzwasser 4–5 Minuten kochen. Mit einem Schaumlöffel herausnehmen und abtropfen lassen. In einer größeren Kasserolle auf Hühner- oder Gänseschmalz Semmelbrösel goldgelb rösten, die Kartoffelnudeln hineinlegen, leicht schütteln und für kurze Zeit in die warme Röhre stellen. Als eigenes Gericht servieren.

KARTOFFEL-
ROULADE

für 8–10 Personen

10 mittelgroße Kartoffeln
1¹/₂–2 Tassen griffiges Mehl
¹/₂ Tasse Grieß
1 Ei
1 Teelöffel Salz
2 Löffel Kartoffelmehl

Fülle:

350 g Geflügelwurst,
  durch den Fleisch-
  wolf gedreht, oder ge-
  räuchertes Rindfleisch,
  gekocht und gehackt

Kartoffeln kochen,
auskühlen lassen, dann
schälen und reiben. Mit

Mehl, Grieß, Kartoffel-
mehl, Salz und Ei auf dem
Holzbrett zu einem Teig
verarbeiten. Etwa 1,5 cm
dick ausrollen (wenn der
Teig klebrig ist, mit Mehl
bestreuen). Eine Hälfte der
Teigplatte mit Fleischfülle
bestreichen, fest zusam-
menrollen und an beiden
Enden gut zusammendrük-
ken. Roulade in ein nasses
Küchentuch wickeln und
vorsichtig in eine Pfanne
mit siedendem Wasser
legen, so daß sie etwa zur

Hälfte untergetaucht ist.
Die Pfanne zudecken und
bei mäßiger Hitze
25 Minuten kochen. Dann
wenden und noch
20 Minuten kochen. Die
fertige Roulade auf das
Holzbrett legen, den
Dampf abziehen lassen
und dann vorsichtig aus
dem Küchentuch aus-
wickeln. Mit Sauerkraut
servieren. Sie schmeckt
auch gut, wenn man sie am
nächsten Tag in Öl über-
bäckt.

Gedünstetes Sauerkraut:

1 kg Sauerkraut
1¹/₂ Teelöffel Kümmel
1 mittelgroße Kartoffel,
  geraspelt
1 Apfel, geraspelt
1 Prise Salz

In kleinere Streifen ge-
schnittenes Sauerkraut mit
etwas Wasser, Salz und
Kümmel dünsten lassen.
Wenn es halbgar ist, die
Kartoffel und den Apfel
zugeben und fertigdün-
sten. Parwe Margarine
zufügen und servieren.

FLUDEN

für 10–12 Personen

4 Tassen halbgriffiges
   Mehl
2 Tassen Margarine oder
   Butter
$^1\!/_2$ Tasse Zucker
8 Löffel Süßwein
4 Eier
15 g Hefe
$^1\!/_4$ Tasse Milch
$^1\!/_4$ Teelöffel Salz
1 Ei zum Bestreichen
1 Teelöffel Wasser
$^1\!/_2$ Teelöffel Zucker
$1^1\!/_2$ Tassen
   Pflaumenmus
   (Powidel)

Hefe in der lauwarmen,
etwas gesüßten Milch
zerkrümeln und an einer
warmen Stelle gehen
lassen. Dann Mehl, Fett,
Zucker, Salz, Ei und Wein

zugeben und zu einem
glatten Teig verarbeiten.
1 Stunde ruhen lassen.
Inzwischen die Fülle
vorbereiten.

1. Apfelfülle:

4–5 geriebene Äpfel
1 Teelöffel Zimt
$^1\!/_2$ Tasse Zucker oder
   2 Löffel Honig

Äpfel mit Zimt, Zucker
oder Honig vermengen.

2. Mohnfülle:

250 g gemahlener Mohn
3 Löffel Zucker
$^1\!/_4$ Tasse Wasser
1 Eiweiß
Saft von $^1\!/_2$ Zitrone
Saft von $^1\!/_2$ Orange
1 Tasse Rosinen
1 Löffel Rum
$^1\!/_2$ Teelöffel Zimt
$^1\!/_4$ Tasse Margarine

Wasser mit Zucker im
Wasserbad zum Sieden
bringen, Mohn, Eiweiß,
Zitronen- und Orangensaft,
Zimt, Rosinen und Rum
zugeben und unter ständi-
gem Rühren 5 Minuten
kochen. Margarine
zufügen und kochen, bis
sie sich aufgelöst hat.
Fülle auskühlen lassen.

3. Nußfülle:

1 Tasse geriebene Nüsse
1 Tasse Zucker
$^1\!/_2$ Teelöffel Vanilleextrakt
Saft von $^1\!/_2$ Zitrone
Saft von $^1\!/_2$ Orange
$^1\!/_4$ Tasse Rosinen
$^1\!/_2$ Teelöffel Zimt
$^1\!/_2$ Tasse
   Aprikosenkonfitüre

Geriebene Nüsse mit den
anderen Zutaten gut
vermischen.

Den Teig in 5 gleich große
Stücke teilen, in eine
gefettetc Form legen und
mit einer dicken Schicht
Pflaumenmus bestreichen.
Eine Platte aus dem
zweiten Teigstück darauf-
legen und mit Nußfülle
bestreichen.
Auf die dritte Teigplatte
Mohnfülle geben, auf die
vierte die geriebenen
Äpfel. Die fünfte Teig-
platte darüberlegen. Ei mit
einem Teelöffel Wasser
und etwas Zucker
verquirlen, damit die
Oberfläche bestreichen,
bis sie glänzt. 40 Minuten
bei 180°C goldgelb
backen. Fluden ist eine für
Simchat Tora bestimmte
Festspeise.

ZWETSCHGEN-KNÖDEL

etwa 30 Knödel

$2^{1}/_{2}$ Tassen Mehl
$^{3}/_{4}$ Tasse weicher Quark
3 mittelgroße Kartoffeln,
  gekocht und gerieben
1 Ei
1 Eigelb
$1^{1}/_{2}$ Löffel Butter
$^{1}/_{2}$ Löffel Salz
1–1,5 kg Zwetschgen
trockener Quark und
  Zucker zum Bestreuen

8–10 Löffel Milch
zerlassene Butter

Mehl, weichen Quark, Kartoffeln, Ei, Eigelb, Salz, Butter und Milch zu einem geschmeidigen Teig verarbeiten, etwa $^{1}/_{2}$ cm dick ausrollen und in 7 cm große Quadrate schneiden. Auf jedes Quadrat eine entkernte Zwetschge geben und zu einem runden Knödel formen. Die Knödel in einem großen Topf in etwa $3^{1}/_{2}$ Liter Wasser 8 Minuten zugedeckt kochen. Wenn sie gar sind, mit einem Schaumlöffel herausnehmen und abtropfen lassen. Mit Zucker, geriebenem trockenem Quark bestreut und zerlassener Butter beträufelt servieren. Man kann die Knödel auch mit gemahlenem und mit Zucker vermengtem Mohn bestreuen und mit Gänseschmalz beträufeln. In diesem Fall muß man aber Wasser statt Milch in den Teig geben.

STRUDEL

▶

Dieses Spitzenprodukt der Kochkunst stammt wohl aus Österreich und wurde dann in Ungarn und Rumänien zur Vollendung gebracht. Ein mit saftigem Obst gefüllter gezogener Strudel aus feinem, hauchdünnen Teig ist aber auch die Mühe wert, die seine Zubereitung macht. Strudel muß nicht immer mit Äpfeln gefüllt werden. Ebenso gut schmeckt Quarkstrudel, und man kann auch eine Fülle aus Gemüse bereiten. Besonders gut paßt Strudel zu Sukkot, denn an diesem Fest ist es Tradition, möglichst viele Speisen aus Herbstobst und -gemüse auf den Tisch zu bringen.

STRUDEL

für 8–10 Personen

Teig:

2$\frac{1}{2}$ Tassen Mehl
$\frac{1}{2}$ Teelöffel Salz
1 Teelöffel Backpulver
1 Ei
$\frac{2}{3}$ Tasse gekühltes Wasser
4 Löffel Öl
1 Löffel Weinessig
Öl oder Butter
  zum Bestreichen

Mit Backpulver und Salz vermischtes Mehl und in Öl und Essig verquirltes Ei zu einem glatten, geschmeidigen Teig verarbeiten. Mindestens 10 Minuten durcharbeiten, dann unter einer angewärmten Schüssel 20 Minuten ruhen lassen. Auf einem mit Mehl bestreuten Leinentuch den Teig dünn ausrollen und mit den Händen ziehen, bis er fast durchsichtig ist. Mit Öl oder zerlassener Butter bestreichen und auf eine Hälfte die Fülle geben. Das Tuch anheben und den Strudel so zusammenrollen und an den Enden umschlagen. Vorsichtig auf ein gefettetes Backblech legen, mit Öl oder Butter bestreichen und etwa 45 Minuten bei 160°C backen. Noch heiß schneiden und nach dem Auskühlen servieren.

Apfelfülle:

1 Tasse Semmelbrösel
1$\frac{1}{2}$ Tassen geriebene Nüsse
1 Tasse Äpfel,
  in dünne Scheiben
  geschnitten
2 Löffel Zitronensaft
1 Tasse Rosinen
$\frac{1}{2}$–$\frac{3}{4}$ Tasse Zucker
2 Teelöffel Zimt

Den Teig mit Öl bestreichen, dann zur Hälfte mit Semmelbröseln bestreuen und die geriebenen Nüsse gleichmäßig darüberschichten. Die nächste Schicht bilden die mit Zitronensaft und Rosinen vermengten Äpfel. Zucker mit Zimt vermischen und darüberstreuen. Teig einrollen.

Quarkfülle:

2 Eier
500 g Quark
$\frac{1}{2}$ Teelöffel Vanilleextrakt
$\frac{1}{2}$ Tasse Semmelbrösel
  zum Bestreuen
1 Tasse Rosinen

Eier mit Zucker schaumig rühren, mit Quark, Rosinen und Vanille vermengen und verrühren.

Fülle aus Weißkohl:

6 Tassen Weißkohl, fein
  geschnitten
1 geriebene Zwiebel
2 Löffel Butter oder
  Geflügelschmalz
$\frac{1}{2}$ Teelöffel Pfeffer
2 Teelöffel Salz
$\frac{1}{2}$ Tasse Semmelbrösel

Zwiebel glasig dünsten. Gewaschenen und feingeschnittenen Weißkohl 25 Minuten auf dem Fett dünsten, salzen, pfeffern und auskühlen lassen.

CHANUKKA

חנוכה „Nes gadol haja scham" – ein großes Wunder geschah dort. Dieses Wunder geschah im Jahre 165 v.u.Z. im Tempel zu Jerusalem. Damals durchlebten die Juden eine schwere Zeit. Sie wurden vom syrischen König Antiochus IV. Epiphanes unterdrückt, der ihnen verbot, die Tora zu studieren und ihre Gebote zu befolgen. Er besetzte Jerusalem, ließ im Tempel ein Standbild des Zeus errichten und auf Gottes Altar Schweine opfern. Unweit von Jerusalem im kleinen Dorf Modin lebte der alte Priester Mattathias aus dem Geschlecht der Hasmonäer mit seinen fünf Söhnen. Er versammelte eine kleine Schar tapferer Krieger um sich und zog mit ihnen in die Berge, um einen Aufstand gegen das Heer des Antiochus vorzubereiten. Nach seinem Tod stellte sich Judas, der dritte seiner Söhne, an die Spitze des jüdischen Aufstandes. Wegen seiner ungewöhnlichen Kraft und Tapferkeit erhielt er den Beinamen Makkabäer (Makkäbät bedeutet Hammer), und dieser Name ging dann auf die ganze Familie über. Judas der Makkabäer war ein hervorragender Heerführer, und die Juden errangen unter seinem Befehl zahlreiche Siege. Zur entscheidenden Schlacht kam es bei der Stadt Emmaus. Antiochus zog mit einem Fußvolk von vierzigtausend Mann und siebentausend Reitern gegen die kleine Schar der Makkabäer aus, doch Judas gelang es durch Klugheit und List, ihn zu besiegen. Im folgenden Jahr sandte Antiochus ein noch größeres Heer gegen die Aufständischen aus; es zählte sechzigtausend Mann Fußvolk und fünftausend Reiter. Nach dem Zusammenstoß mit Judas erkannte der verständige Feldherr Lysias, daß die Juden lieber sterben würden, als ohne ihren Glauben zu leben, und zog deshalb mit dem Rest seiner Truppen ab. König Antiochus konnte sich mit der schweren Nieder-

◄

Vorhang. Böhmen (Pilsen), 1765

Pessach-Haggada:
Der Jerusalemer Tempel.
Mähren, 1728

lage nicht abfinden und stürzte sich in seiner Verzweiflung ins Meer. Judas der Makkabäer eroberte Jerusalem zurück, weihte am 25. Tag des Monats Kislew den Tempel ein und erneuerte den jüdischen Gottesdienst. Im Tempel fand man nur einen einzigen Krug mit nicht verunreinigtem Öl, wie es zum Entzünden des Ewigen Lichtes notwendig war. Trotzdem wurde es angezündet, und ein Wunder geschah: Das Öl, das kaum für einen Tag reichte, brannte acht Tage lang, und inzwischen konnte neues Öl bereitet werden.

Zum Andenken an dieses Wunder wird am 25. Kislew alljährlich Chanukka (Weihe) gefeiert, das auch als Lichterfest bezeichnet wird. Jeden Abend wird im achtarmigen Chanukkaleuchter eine Kerze entzündet, und jede neu entzündete Kerze entspricht einem weiteren Tag, an dem damals das Ewige Licht in der Menora des Tempels brannte. Sobald der erste Stern am Himmel erscheint, versammelt sich die ganze Familie, um am Entzünden der Chanukkalichter teilzunehmen. „Gelobt seist du, Ewiger, unser Gott, König der Welt, der uns gesegnet mit seinen Geboten und uns befahl, das Chanukkalicht zu entzünden. Gelobt seist du Ewiger, unser Gott, König der Welt, der Wunder getan für unsere Väter in jenen Tagen zu dieser Zeit." So lauten die Segenssprüche, die man vor dem Entzünden jeder Chanukkakerze sagt. Die erste Kerze wird auf der rechten Seite des Leuchters entzündet, am zweiten und allen folgenden Abenden kommt ein neues Licht hinzu. Die Chanukkakerzen werden mit Hilfe eines neunten Armes, mit dem Dienstlicht, Schamasch, angezündet. Jedesmal sagt man dabei: „Diese Lichter sind geheiligt, und es ist uns nicht gestattet, sie zu benutzen, sondern wir sollen sie nur betrachten, um dir zu danken und deinen großen Namen zu lobpreisen für diese Wunder und Zeichen und deine Hilfe." Im Unterschied zu den anderen Festtagen ist es zu Chanukka nicht untersagt, zu arbeiten, nur wenn die Chanukkalichter brennen, soll man ausruhen, denn die ersten Buchstaben des

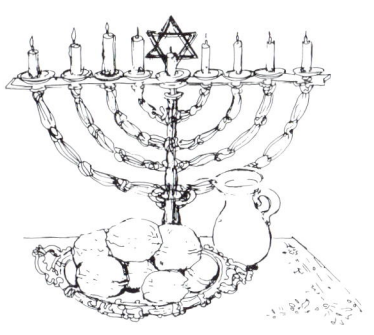

Chanukkaleuchter.
Böhmen (Prag), um 1800

▶

Chanukkatafel

*Draperie. Böhmen,
19. Jahrhundert*

Wortes Chanukka bedeuten „sie ruhten aus". Nach dem Entzünden der Lichter wird das berühmt gewordene Lied „Maos Zur Jeschuati" – Festung, Fels meiner Erlösung – gesungen, das in fünf Strophen die Befreiung aus der ägyptischen Sklaverei, aus dem babylonischen Exil und von der Verschwörung des Haman, sowie den Sieg der Makkabäer über die griechischen Feinde und das Wunder im Tempel verherrlicht.

Die Chanukkatage sind eine Zeit freundschaftlicher Zusammenkünfte, gemeinsamer Erinnerungen an die Vergangenheit und neuer Hoffnungen für die Zukunft. Fasten und Totenklagen sind streng untersagt. Die heiterste Stimmung herrscht an diesem Fest unter den Kindern. Sie freuen sich über die Geschenke, die sie jeden Abend bekommen, und hören Märchen und Geschichten aus der Bibel an, besonders aber die apokryphische Erzählung von den Makkabäern. Das Verteilen von Geschenken hat seinen Ursprung in einem alten Brauch, der jiddisch Chanukkageld genannt wurde. Die Kinder bekamen damals Geld für ihre Lehrer im Cheder, und diese Tradition hat sich mancherorts bis auf den heutigen Tag erhalten, jedoch mit dem Unterschied, daß das Geld nicht für die Lehrer bestimmt ist, sondern daß sich die Kinder selbst Geschenke dafür kaufen. Während dieser acht Tage nötigt sie niemand zum Lernen, sie dürfen die ganze Zeit spielen. Trendel, hebräisch Swiwon, ist das typische Spiel dieses Festes. Swiwon bedeutet Kreisel, aber der Trendel ist kein gewöhnlicher Kreisel. Er trägt die hebräischen Buchstaben Nun, Gimel, He und Schin, mit denen die Worte des Satzes „Nes gadol haja scham" beginnen.

Wie jeder jüdische Festtag hat auch Chanukka seine typischen Speisen. Man ißt ausgiebig und mit Appetit. Vor allem müssen in Öl gebratene Speisen auf den Tisch kommen, die an das Öl erinnern, das im Tempel gefunden wurde und für acht Tage reichte. Besonders beliebt sind Krapfen (Sufganiot) und Latkes. Auf ein anderes Ereignis aus jenen Zeiten beziehen sich die Käsegerichte. Sie werden zur Erinnerung an die Heldentat der schönen Judith genossen, die von Holofernes, dem Feldhauptmann Nebukadnezars, begehrt wurde. Judith aber war nicht nur schön, sondern auch klug. Sie setzte Holofernes gesalzenen Käse vor, und nachdem er seinen Durst mit zahlreichen Bechern Wein gelöscht hatte und in tiefen Schlaf versunken war, schlug sie ihm das Haupt ab. Sie brachte es nach Jerusalem und zeigte es seinen Soldaten. Die wurden von Grauen erfaßt und flohen bis auf den letzten Mann.

Es war schön, im Halbdunkel des Spätnachmittags am hohen, warmen Ofen zu sitzen. Im Schatten des Feuerscheins zeichneten sich an den weißgetünchten Wänden der großen Stube riesige, geheimnisvolle Gestalten ab.

Am schönsten waren diese Abende am Chanukkafest. Ungeduldig erwarteten wir Vaters Rückkehr aus der Synagoge in der Kreisstadt. Auf einem Marmortischchen bereiteten wir ein einfaches Holzbrettchen vor und stellten die entsprechende Zahl von Kerzen mit dem Schammes darauf. Sobald der Vater nach Hause gekommen war, aßen wir leckere Kartoffelpuffer zum Abendbrot, und dann versammelte sich die ganze Familie in der großen Stube. Vater sprach ein Gebet zur Feier des Wunders, das im Jerusalemer Tempel zur Zeit des großen Sieges der Makkabäer geschehen war. Damals gelang es nämlich, das Ewige Licht mit einer geringfügigen Menge von geheiligtem Öl acht Tage lang zu unterhalten. Dann zündete Vater die Kerzen an. In der stillen Stube erklang der feierliche Choral: „Maos zur jeschuati, lecha nae leschabeach. Tikon bejt tefilati vescham toda nesabech. Leet tachin matbeach, mizor hamenabeach." Und dann noch lauter der Refrain: „As egmor beschir mismor chanukat hamisbeach", bei dem unsere triumphierenden Stimmen die Fenster zum Klirren brachten. Und die Nachbarn sagten: „Die Juden feiern ihre Weihnachten, auch die unsrigen kommen bald!" Das Kerzenlicht flackerte fröhlich und die Stube war vom Zauber des Chanukkaabends erfüllt. Die Eltern, die Großmutter und die älteren Schwestern gingen ihrer Arbeit nach. Wir jüngeren Kinder blieben bei den Kerzen. Langsam kam der Nachbar Otýn angeschlurft und wir gingen an die Chanukkaspiele.

Es gab acht Kerzen, der Schammes zählte nicht mit. Der niedergebrannte von den vorhergehenden Tagen verlosch viel früher als die übrigen Kerzen.

KAREL LAMBERK: *Memoiren*

WIEGEBRATEN AUS RINDFLEISCH

für 6–8 Personen

1 kg mageres gehacktes
  Rindfleisch
500 g geräuchertes
  gehacktes Rindfleisch
2 Brötchen, in Wasser
  eingeweicht und
  ausgedrückt

2 Eier
2 Eigelb
1 mittelgroße Zwiebel,
  gerieben
1 Löffel Gänse- oder
  Hühnerschmalz
1 Teelöffel Salz
½ Teelöffel Pfeffer

Alle Zutaten gut vermengen, eine Rolle formen, in eine Pfanne legen und eine Tasse Wasser zufügen. Eine Stunde bei 180°C braten. Während des Bratens nach Bedarf Wasser zugießen. Statt des geräucherten Fleisches kann man auch durch den Wolf gedrehte oder fein gehackte Wurst aus Kalbfleisch oder Geflügel verwenden.

KARTOFFEL-PLÄTZCHEN

für 4–5 Personen

3 Tassen Kartoffeln, gekocht
  und gerieben
½ Tasse griffiges Mehl
½ Tasse Kartoffelmehl
1 Ei
3 Teelöffel Salz
Öl oder Geflügelschmalz

Gekochte, geriebene Kartoffeln mit Mehl, Kartoffelmehl, Salz und Ei zu einem Teig verarbeiten. Auf einem bemehlten Brett etwa ¼ cm dick ausrollen und runde Plätzchen ausstechen. Auf beiden Seiten in Öl oder Geflügelschmalz braten. Man kann sie auch ohne Fett braten und mit Gänse- oder Hühnerfett bestrichen servieren.

LATKES

Zu Chanukka ist jeder jüdische Haushalt vom Duft der Latkes erfüllt, der traditionellen, in Öl gebratenen Kartoffelpuffer, Sinnbild des Öls, das zur Zeit der Makkabäer die Menora im Tempel speiste. Auch die Käseplätzchen werden Latkes genannt. Die Kartoffelpuffer haben die Juden wahrscheinlich im 19. Jahrhundert von den Ukrainern übernommen, bei denen „Kartoflani Platzke" eine beliebte Beilage zur Weihnachtsgans waren. Sie wurden für die armen Juden zu einer schmackhaften und zugleich billigen Speise für das Chanukkafest. Öl wurde früher durch Gänseschmalz ersetzt, das im Winter, wenn die Gänse schon ausgefüttert waren, überall im Überfluß vorhanden war. Dieser Brauch hat sich mancherorts bis auf den heutigen Tag erhalten. So wie andere jüdische Speisen werden auch Latkes auf die verschiedensten Arten zubereitet, je nach den örtlichen oder familiären Gewohnheiten. Sie können ohne weitere Zutaten oder mit Zukker, Sahne, Joghurt oder Apfelsoße gereicht werden, und man kann sie den ganzen Tag essen, zum Frühstück, zum Mittagessen und zum Abendbrot.

LATKES

etwa 12 Plätzchen

5 große Kartoffeln, roh
   geschält und gerieben
1 geriebene Zwiebel
4 Eier
¼ Tasse Mazze- oder
   halbgriffiges Mehl

Salz, Pfeffer
Öl zum Braten

Alle Zutaten gründlich
vermischen. Die Masse

löffelweise in etwas Öl
legen und sofort zu einem
dünnen Plätzchen streichen. Auf beiden Seiten
goldgelb braten.

LATKES AUS CHALLA

für 3–5 Personen

1 große Challa (etwa 500 g)
3 Eier
1 geriebene Zwiebel oder 4
    geriebene Knoblauchzehen
Salz, Pfeffer
Öl zum Braten

Die Challa mit kaltem Wasser übergießen und warten, bis sie weich ist. Dann das Wasser ausdrükken und mit Eiern, Zwiebel oder Knoblauch vermengen, salzen, pfeffern und gut verrühren. Die Masse löffelweise in heißes Öl geben und auf beiden Seiten braten.

LATKES AUS KÄSE

etwa 12 Stück

3 Eier
$1/4$ Tasse Wasser
2 Löffel Zucker
$1/2$ Tasse halbgriffiges
   Mehl

$1^1/_2$ Tassen geriebener
   Hartkäse oder fester
   Quark
3 Löffel Milch
Salz, Pfeffer
Öl zum Braten
Kirschkonfitüre

Alle Zutaten verrühren. Die Masse löffelweise
in heißes Öl geben und
auf beiden Seiten gold-
gelb braten. Mit Kirsch-
oder anderer Konfitüre
reichen.

SCHNELLE KÄSEBLINZES

für 6 Personen

Teig:

4 große Eier
$1^1/_4$ Tassen Milch
2 Löffel saure Sahne
$1/4$ Tasse zerlassene Butter
   oder Margarine
1 Löffel Vanillinzucker
$1^1/_3$ Tassen halbgriffiges
   Mehl
$1^1/_4$ Teelöffel Backpulver

Fülle:

2 Tassen Quark oder
   Frischrahmkäse
2 Eier
2–3 Löffel Zucker

Aus allen Zutaten einen

glatten Teig herstellen.
$1^1/_2$ Tassen Teig in eine
gefettete Form füllen und in
der vorgewärmten Röhre
etwa 10 Minuten backen.
Inzwischen in einer Schüssel die Fülle vorbereiten
und vorsichtig auf den Teig

in der Röhre streichen. Die
Oberfläche glätten und den
restlichen Teig darauf-
gießen. Form in die Röhre
zurückgeben und noch
35–40 Minuten backen, bis
der Teig erstarrt ist.

SUFGANIOT (KRAPFEN)

etwa 25 Stück
(je nach Größe)

4 Tassen halbgriffiges Mehl
4 Eigelb
$^1/_3$ Tasse Zucker
1 Tasse Butter oder
   Margarine
40 g Hefe
Milch
$^1/_2$ Teelöffel Salz
Aprikosen- oder
   Johannisbeermarmelade
Öl zum Backen
Puderzucker

Zerkrümelte Hefe in
$^1/_2$ Tasse lauwarme, etwas
gesüßte Milch geben und
etwa 10 Minuten gehen
lassen. Butter mit Zucker
schaumig rühren, Mehl,
Salz, Eigelb und das
Hefestück zufügen und zu
einem geschmeidigen Teig
verarbeiten. Nach Bedarf
noch Milch zugeben. Den
Teig mit Mehl bestreuen,
mit einem Küchentuch
zudecken und an einer
warmen Stelle etwa
1 Stunde gehen lassen, bis
sich sein Umfang verdop-
pelt hat. Auf einem bemehlten Brett die eine Teighälfte
etwa 1,5 cm dick ausrollen.
Mit einer Form im Teig
den Umriß der Plätzchen
andeuten und in ihre
Mitte einen Teelöffel
Marmelade geben. Vor-
sichtig mit der zweiten
Teigplatte bedecken und
mit derselben Form
Krapfen ausstechen. Mit
dem Küchentuch zuge-
deckt noch $^1/_2$ Stunde
gehen lassen. In einer
hohen Ölschicht auf beiden
Seiten goldgelb backen.
Die Krapfen werden mit
der aufgegangenen Seite
ins Öl gelegt. Die gebackenen Krapfen mit
Puderzucker bestreuen und
warm servieren.

RUGELACH

für 8–10 Personen

4 Tassen halbgriffiges Mehl
2 verquirlte Eier
$^1\!/_2$ Tasse Zucker
$^1\!/_2$ Tasse Orangensaft
1 Tasse Margarine
2 Teelöffel Backpulver

Fülle:

Zucker und Zimt

Mit Backpulver vermengtes Mehl, Eier, Zucker, Margarine und Orangensaft zu einem Teig verarbeiten und für 1 Stunde kalt stellen. Dann den Teig in vier Stücke teilen und aus jedem auf dem bemehlten Brett eine dünne, kreisförmige Platte ausrollen. Mit Zimt und Zucker bestreuen und in 8 oder 16 Dreiecke zerschneiden. Die Dreiecke vom Kreisumfang beginnend zur Spitze einrollen. Rugelach auf ein leicht gefettetes Blech legen und etwa 20 Minuten bei 180 °C backen, bis sie hellbraun sind.

TU BI-SCHWAT

ט"ו בשבט Der 15. Schwat, das Neujahrsfest der Bäume, wird Ende Januar oder Anfang Februar begangen. Dieser schöne Festtag zu Ehren der Bäume wird vor allem in Israel, aber auch in der Diaspora gefeiert.

Wie alle tief im Boden verwurzelten Völker des Altertums waren sich auch die Juden seit alters der großen Bedeutung der Bäume für das menschliche Leben bewußt. Deshalb wird das jüdische Volk auch symbolisch als uralter Baum betrachtet. „Denn die Tage meines Volkes werden sein wie die Tage eines Baumes", verkündete der Prophet Jesaia (Jes. 65, 22). „Wenn ihr in das Land kommt und allerlei Bäume pflanzt, von denen man ißt..." (Lev. 19, 23), lauten die Worte des Herrn, die unsere Vorfahren noch während ihrer Wanderung in der Wüste begleiteten.

Nach dem Talmud beginnt zu Tu bi-Schwat der Saft in den Bäumen aufzusteigen. Im Heiligen Land kann man zu dieser Zeit die ersten Anzeichen des nahenden Frühlings beobachten. Die Obstbäume beginnen Knospen zu treiben, und die Mandelbäume entfalten ihre zarten Blüten. Die Zeit für das Pflanzen junger Bäume ist gekommen. Sie dauert bis zum 15. Adar, auf den das Purimfest fällt.

Nach dem Volksglauben hält Gott zu Tu bi-Schwat Gericht über die Bäume. Er entscheidet, welchen von ihnen es beschieden sein wird, das ganze Jahr zu blühen und Früchte zu tragen, und welche vertrocknen werden. In vergangenen Zeiten war es Brauch, am Neujahrsfest der Bäume für jedes neugeborene Kind einen Baum zu pflanzen. Bei der Geburt eines Jungen wurden Zedern oder Zypressen gepflanzt, für Mädchen waren Pinien be-

*Schiwiti-Tafel. Detail.
Böhmen (Dobříš)*

*Misrach. Slowakei (Prešov),
18. Jahrhundert*

Misrach. Böhmen,
Anfang des 19. Jahrhunderts

stimmt. Wenn die Kinder dann erwachsen waren, verwendete man kräftige Äste „ihrer"
Bäume als Stangen zur Befestigung des Hochzeitsbaldachins, der Chuppa.

Diese Tradition ist auch später in der Diaspora nicht verschwunden. Da in den meisten
europäischen Ländern zu Tu bi-Schwat noch kaltes Wetter herrscht und die jungen Bäumchen im Boden erfrieren würden, hat das Fest einen anderen Charakter angenommen. Man
begann, Kindern und Erwachsenen bei der Heimkehr vom Gottesdienst Früchte aus dem
Land ihrer Väter vorzusetzen, zum Beispiel Zitrusfrüchte, Datteln, Feigen, Rosinen und
Mandeln.

Seit dem Bestehen des Staates Israel hat Tu bi-Schwat eine besondere Bedeutung erhalten. Es ist dort zur festen Gewohnheit geworden, möglichst viele Bäume zu pflanzen, die
die Erosion des Bodens verhindern und seine Feuchtigkeit aufrechterhalten sollen und
nicht zuletzt auch zur Verschönerung und Belebung der Landschaft beitragen. Im heutigen
Israel ist das Pflanzen der Bäume mit einer Feier verbunden. Man tanzt und singt und
veranstaltet Festessen, zu Hause und in der Öffentlichkeit. Im modernen Tel Aviv findet an
diesem Tag alljährlich ein Fest statt, das in der ganzen jüdischen Welt bekannt ist. Vom
frühen Morgen an ist überall Trompetengeschmetter zu hören. Das ist ein Zeichen für die
Kinder, sich dort zu versammeln, wo die Bäume gepflanzt werden sollen. Der älteren Jugend fällt die Aufgabe zu, in festlichen Ansprachen die Bedeutung dieses Feiertages zu er-
klären. Die Redner sind in symbolische „Priestergewänder" gekleidet. Dann folgt ein bun-
tes Programm, es wird gesungen und rezitiert. Die Feier erreicht ihren Höhepunkt, wenn
je drei oder vier Kindern aus jeder Gruppe die Bäumchen zum Pflanzen erhalten. Die
Pflanzlöcher werden an den dazu bestimmten Stellen ausgehoben, die Bäume werden
gesetzt und sorgfältig begossen.

Heute wird Tu bi-Schwat oft als „Tag Israels" bezeichnet. In Gebieten, wo es die klimatischen Bedingungen gestatten, werden Bäume gepflanzt. Ist dies nicht möglich, werden Spiele und Feiern veranstaltet. Bei den häuslichen Feiern werden verschiedene Speisen gereicht, vor allem aber Zitrusfrüchte, Nüsse und auch Johannisbrot. Dieser bei den Kindern beliebte Leckerbissen schmeckt und riecht nach Honig und Datteln. Es sind die Früchte des Johannisbrotbaumes (Ceratonia siliqua). Von diesem schon in biblischen Zeiten bekannten Baum wird erzählt, daß er viele Helden des jüdischen Altertums auf der Flucht vor ihren Verfolgern vor dem Hungertod gerettet hat.

Misrach. Böhmen, um 1840

PICADILLO

für 6 Personen

1 kg gehacktes Rindfleisch
1 feingehackte Zwiebel
3 geriebene Knoblauchzehen
1 Löffel Öl
500 g Tomaten
2 Äpfel, geschält und in
  Würfel geschnitten
1 Paprikaschote, klein
  geschnitten
$^1/_2$ Tasse Rosinen
$^1/_2$ Teelöffel Chili-Würze
$^1/_2$ Teelöffel Zimt
$^1/_4$ Teelöffel gemahlene
  Nelken
$^1/_4$ Teelöffel gemahlener
  Kümmel
$^1/_2$ Teelöffel Salz
$^1/_4$ Teelöffel Pfeffer
$^2/_3$ Tasse gefüllte grüne Oliven
$^1/_2$ Tasse Mandeln, gebrüht,
  abgezogen und gehackt

Fleisch mit Zwiebeln und
Knoblauch in einer großen
Kasserolle anbraten.
Gebrühte, gehäutete, in
kleine Stücke geschnittene
Tomaten, gewürfelte Äpfel
und Paprikaschote, Rosi-
nen, Gewürz und Salz
zufügen und 30 Minuten
langsam zugedeckt kochen.
Nachdem die Flüssigkeit
verdunstet ist, Oliven
zugeben und noch eine
Weile kochen, damit sie
sich erwärmen.

RINDFLEISCH-
CURRY
MIT OBST

◄

für 5–6 Personen

2 Löffel Öl
1 feingehackte Zwiebel
750 g mageres Rind- oder
  Lammfleisch ohne
  Knochen, in Würfel
  geschnitten
1$^1/_2$ Tassen Wasser
2 Löffel Zitronensaft
1 Löffel Curry
$^1/_2$ Teelöffel Salz
$^1/_4$ Teelöffel Ingwer
$^1/_4$ Teelöffel Zimt
250 g Dörrobst (Äpfel,
  Aprikosen, Birnen)
$^1/_2$ Tasse Rosinen
2 Bananen
2 Löffel parwe Margarine

Zwiebel in einer großen
Kasserolle etwas anrösten,
zum Rand schieben,
Fleisch hineinlegen und
von allen Seiten anbraten.
Inzwischen Wasser mit
Zitronensaft, Curry, Salz,
Ingwer und Zimt vermen-
gen und zusammen mit
dem Obst und den Rosinen
zum Fleisch geben. Gut
verrühren, zum Sieden
bringen, zudecken und
sehr langsam dünsten, bis
das Fleisch und das Obst
weich und die Soße
dickflüssig ist. Nach
Bedarf etwas Wasser
zugeben. Bananen-
scheiben in Margarine
braten, vor dem Servieren
auf das Curry legen.

DÖRROBST-NUSSKUGELN

etwa 20–30 Kugeln

$^1/_2$ Tasse getrocknete
  Aprikosen, fein gehackt
$^1/_2$ Tasse Datteln, entkernt und
  fein gehackt
$^1/_2$ Tasse getrocknete Feigen,
  fein gehackt
$^1/_2$ Tasse geriebene Nüsse
$^1/_2$ Tasse Kokosraspeln
2 Löffel Honig

Gehackte Aprikosen, Datteln,
Feigen und geriebene Nüsse
mit Kokosraspeln und Honig
vermengen. Aus der Masse
Kugeln von 2,5 cm Durch-
messer formen und kalt
stellen. Mindestens
$^1/_2$ Stunde vor dem Servieren
aus dem Kühlschrank
nehmen.

KUCHEN MIT DÖRROBST

◀

für 4–6 Personen

Untere Schicht:

1 Tasse halbgriffiges Mehl
$^1/_4$ Tasse Zucker
$^1/_2$ Tasse Margarine

Obere Schicht:

$^1/_2$ Tasse halbgriffiges Mehl
2 Eier
$^1/_4$ Tasse brauner Zucker
1 Teelöffel Vanillinzucker
$^1/_2$ Teelöffel Backpulver
$^1/_2$ Tasse getrocknete Feigen,
  fein gehackt

$^1/_2$ Tasse Mandeln,
  gebrüht, abgezogen und
  gehackt
$^1/_2$ Tasse getrocknete
  Aprikosen, fein gehackt

In einer Schüssel Margarine mit Zucker schaumig
rühren, dann Mehl zu-
geben. Die Masse auf den
Boden einer nicht gefetteten Form geben und bei
180°C etwa 20 Minuten
backen, bis der Teig
hellbraun ist. Inzwischen
die obere Schicht vorbereiten: Mehl, Backpulver,
braunen Zucker, Eier und
Vanillinzucker sehr gut
vermengen. Aprikosen,
Feigen und gehackte
Mandeln zufügen. Die
Masse auf die untere
Schicht streichen, vorsichtig in die Röhre zurückgeben und noch 25 Minuten
backen.

PURIM

פורים „Mordechai aber ging hinaus von dem König in königlichen Kleidern, blau und weiß, und mit einer großen goldenen Krone, angetan mit einem Mantel aus Leinen und Purpurwolle. Und die Stadt Susa jauchzte und war fröhlich. Für die Juden aber war Licht und Freude und Wonne und Ehre gekommen" (Est. 8, 15–16).

Diese Worte ertönen alljährlich in allen Synagogen zu Purim, einem der fröhlichsten Festtage des jüdischen Kalenders. Die Juden auf der ganzen Welt feiern ihn zur Erinnerung an den großen Sieg, den sie über den hinterhältigen Haman, den Günstling des persischen Königs Ahasveros, errungen haben, wie dies im Buch Esther berichtet wird: Unter der Herrschaft des Königs Ahasveros lebte in Susa (Schuschan), der Hauptstadt des persischen Königreiches, der Jude Mordechai, der eine ungewöhnlich schöne und kluge Nichte hatte. Sie war so schön, daß König Ahasveros sie zu seiner Gemahlin machte, nachdem er die Königin Waschti verstoßen hatte. Die dritte Hauptfigur in dieser Erzählung ist Haman, ein herrschsüchtiger Mensch voll Haß gegen alle Juden. Bei König Ahasveros stand er jedoch in hoher Gunst; er wurde über die anderen Adligen erhoben, und alle mußten vor ihm niederknien und sich verneigen. Alle taten das, bis auf Mordechai, der als Jude eine solche Handlungsweise entschieden ablehnte. Das diente Haman als Vorwand zum offenen Angriff auf alle Juden, die im persischen Reich lebten. Er erließ eine Verordnung, in der er befahl, am 13. Tag des Monats Adar alle persischen Juden zu töten. Dieses Datum wurde durch das Los bestimmt. Daher hat das Purimfest auch seinen Namen, denn Purim

◄

Schiwiti-Tafel.
Böhmen, 19. Jahrhundert

Rolle Esther.
Böhmen, 17./18. Jahrhundert

*Rolle Esther. Böhmen,
18. Jahrhundert*

ist das hebräische Wort für Lose. Das Schicksal der Juden schien besiegelt. Als Esther von Mordechai erfuhr, was bevorstand, veranstaltete sie ein großartiges Gastmahl, zu dem sie auch Haman einlud. Als die Gäste schon vom Wein benebelt waren, trat sie vor den König, erzählte ihm von der Gefahr, die allen Juden in seinem Reich drohte, und bat ihn, ihr und ihrem Volk das Leben zu schenken. Als der König fragte, wer dafür verantwortlich sei, wies sie auf Haman. Ahasveros kannte kein Erbarmen, und so endete Haman an dem Pfahl, den er für Mordechai hatte aufrichten lassen. Mordechai wurde zum mächtigsten Mann des Reiches nach Ahasveros. Die Erzählung endet aber nicht mit Hamans Tod. Esther bat den König, Mordechai zu gestatten, in seinem Namen Briefe an die Juden des ganzen Landes zu senden und sie darin aufzufordern, sich an ihren Feinden zu rächen. So geschah es, daß die Juden am 13. Tag des Monats Adar, also an dem Tag, der ihr letzter sein sollte, ihre Feinde erschlugen. Am nächsten Tag jubelten die Juden über ihre Rettung. In der Stadt Susa wurde aber noch gekämpft, und deshalb konnte die Feier erst am folgenden Tag stattfinden, der Schuschan Purim genannt wird. Aus diesem Grund wird das Purimfest an beiden Tagen, am 14. und 15. Adar gefeiert. Purim nimmt eine besondere Stellung unter den jüdischen Festtagen ein. Nicht Gott hat den Juden befohlen, dieses Fest zu feiern. Alle mit ihm verbundenen Gewohnheiten und Bräuche hängen mit einer Geschichte zusammen, in der der Name des Herrn nicht ein einziges Mal erwähnt wird. Nicht der Herr, sondern der

Jude Mordechai hat allen Juden im persischen Reich aufgetragen, „daß sie begingen den
vierzehnten Tag des Monats Adar und den fünfzehnten Tag darin, Jahr für Jahr, daß sie dieselben halten sollten als Tage des Wohllebens und der Freude und einer dem anderen Geschenke schicken und den Armen mitteilen."

Ein Jude feiert oder trauert niemals allein, er teilt seine Freude oder sein Leid immer mit
den anderen. So ist es an allen Festtagen, und Purim ist keine Ausnahme. Und weil Purim
das Fest „des Mahls und der Freude", also des guten Essens und Trinkens ist, schicken die
Juden ihren Mitmenschen etwas von den Leckerbissen, die sie für ihre eigene festliche Tafel vorbereitet haben. Die Geschenke, von denen Mordechai in seiner Botschaft spricht,
bestehen mindestens aus zwei Portionen fertiger Speisen, einer Mehlspeise und einer aus
rohem Obst. Daher kommt auch der hebräische Name für diesen Brauch: Schlachmanot.
Das bedeutet „Schicken von Portionen", vom hebräischen schalach (schicken) und manot
(Portionen). Die Gerichte wurden einst in wahrhaft festlicher Aufmachung geschickt, in
prächtigen Schüsseln und in bunte, reich gestickte Tücher gewickelt. Heute verpackt man
sie etwas prosaischer in Pappschachteln, die eigens für diesen Zweck hergestellt werden.
Man beschränkt sich natürlich nicht nur auf Mehlspeisen und Obst. Jeder tut gern noch
etwas von den typischen Purimsüßigkeiten hinzu, zum Beispiel Haman-Figürchen aus Ing-
werteig, ihr sephardisches Gegenstück, die Hamanohren, oder die beliebten aschkenasi-
chen Hamantaschen, dreieckige Kuchen mit Mohnfülle, die an Hamans dreieckigen Hut
oder seine mit Bestechungsgeldern gefüllten Taschen erinnern sollen.

Misrach. Slowakei, 1. Hälfte
des 19. Jahrhunderts

Rolle Esther. Mähren,
1. Hälfte des 19. Jahrhunderts

Purim ist eine Zeit, zu der man allen Bedürftigen Wohltaten erweist, damit auch sie an der großen Freude teilhaben können. Jeder Jude sollte mindestens zwei Arme in seiner Umgebung mit einer Geldspende bedenken.

Nur schwer läßt sich der unnachahmliche Zauber des Purimfestes beschreiben. Die Lustbarkeiten sind unbändig und ausgelassen. An diesem Tag ist fast alles erlaubt. In Maskenkostüme gekleidete Kinder und Erwachsene ziehen durch die Straßen und halten jeden zum besten, dem sie begegnen, sogar den Rabbiner. Es werden Szenen aus der biblischen Erzählung von der Königin Esther aufgeführt, manchmal kann man auch die ganze Geschichte sehen. Niemand darf nüchtern bleiben. Wein ist ein untrennbarer Bestandteil aller jüdischen Feste, denn er beglückt und erbaut die Seele. Außerdem hat er in entscheidender Weise zur Niederlage Hamans beigetragen. Seinetwegen verstieß der betrunkene Ahasveros die Königin Waschti und erhob Esther an ihre Stelle. Wein ließ Königin Esther beim denkwürdigen Festmahl reichen, bei dem Hamans Missetaten aufgedeckt wurden. Und er wird bis auf den heutigen Tag in vollen Zügen getrunken. Der Talmud sagt, daß man die richtige Purimlaune erst dann erreicht hat, wenn man so viel Wein getrunken hat, daß man nicht mehr zu unterscheiden weiß, wer Mordechai und wer Haman war. In Jerusalem wird alljährlich ein weithin bekannter Karneval gefeiert, der den Namen Ad lo jada erhalten hat. Das bedeutet „bis er nicht mehr wußte".

Am Vorabend des Festes wird in allen Synagogen das Buch Esther verlesen. Nach der Heimkehr vom Gottesdienst wartet schon ein festliches Abendessen. Es gibt zahllose Speisen, und jede von ihnen erinnert symbolisch an eine der Gestalten oder ein Geschehnis der Erzählung aus dem Alten Testament. Am Tisch sollte ein Truthahn nicht fehlen, dessen hebräischer Name „Tarnegol Hodu", in wörtlicher Übersetzung „indischer Hahn", den dummen König Ahasveros ins Gedächtnis ruft, der „von Indien bis Äthiopien regierte". Zu den Purimspezialitäten gehören auch süßsaure Speisen und viele Süßigkeiten. Erwähnt seien noch die Mohnkichlach, mit Mohn bestreutes Backwerk, das Esther am Hof des Königs Ahasveros aß.

Und jetzt, wo Ihr meine Familie schon ein wenig kennt, werdet Ihr wohl verstehen, warum ich so stolz auf sie bin und warum mir ihre Gesellschaft so viel Freude bereitet, besonders wenn die Feiertage kommen. Zum Beispiel das Purim-Mahl. Da versammeln sich alle meine Kinder und Enkel um den Tisch und wir sprechen unser Gebet über dem großen, glänzenden, weißen Purimbrot mit Rosinen darin. Dann trägt meine Frau schmackhaft zubereiteten Fisch mit verschiedenen Gewürzen und Rettich auf und nachher eine leckere Suppe mit langen, gelben Nudeln. So Gott will, nehmen wir ein Schlückchen von etwas Scharfem, ein Gläschen Portwein oder Kirschgeist. Wenn nicht, ist auch ein Tröpfchen gewöhnlicher Schnaps willkommen. Wir singen im Chor. Ich beginne ein Lied und die Kinder stimmen ein und singen mit.

SCHOLEM ALECHEM: *Die Geschichten Tewjes des Milchhändlers*

Einen so milden, warmen Purim hatte Kasrilewka schon viele Jahre nicht erlebt. Noch ein Glück, daß niemand in der Stadt Geld für Mazzot hatte, sonst hätte man meinen können, es sei Pessach und nicht Purim.

Die Schlachmones, die die rothaarige Nechama trug, bestanden aus einer großen mit Mohn gefüllten Hamantasche, zwei Schnecken, eine mit Nuß- und Rosinenfülle, die andere mit Butterteig, Zimt und Nelken, einem Schneebusserl mit einer roten Kirsche, die obenauf saß wie ein Hütchen, einem großen Stück Biskuittorte, einer großen Schnitte Bischofsbrot, zwei kleinen Bärentatzen und einem großen Stück Lebkuchen, der Zelde dieses Jahr besonders gut gelungen war. Ob das dem Umstand zu verdanken war, daß das Mehl außergewöhnlich gut oder der Honig besonders rein war, oder ob sie den Lebkuchen so lange in der Röhre gelassen hatte, wie es gerade recht war, tut hier nichts zur Sache. Jedenfalls war er leicht und flaumig wie eine Feder.

SCHOLEM ALECHEM: *Die Geschichten Tewjes des Milchhändlers*

Verschwenderische Freigebigkeit und Ungebundenheit vermochten zu Purim das feste Bollwerk des jüdischen Puritanismus zu durchbrechen, der im Körper nur eine Beigabe zur Seele sah. Alle unsere Nachbarn schickten Schalachmanos – Purimgeschenke. Vom zeitigen Nachmittag an kamen Laufburschen mit Wein, Met, Orangen, Kuchen und Backwerk. Ein edler Spender widmete uns eine Büchse Sardinen, ein anderer geräucherten Lachs und ein dritter süßsauren Fisch. In farbige Servietten fein säuberlich eingewickelte Äpfel, Datteln, Feigen, mit einem Wort alles, was das Herz begehrt. Der Tisch bog sich unter der Last der Leckerbissen. Und dann erschienen die Masken. Sie hatten Helme auf, und in den Händen hielten sie Schwerter und Schilder aus Pappe, die mit glänzendem Gold- und Silberpapier überzogen waren. Purim in der Krochmalna Gasse war ein großartiges Spektakel. Überall lauter Masken und Laufburschen mit Geschenken. Und der liebliche Geruch von Zimt, Safran und Schokolade, frisch gebackenen Kuchen, Zuckerwerk und allerlei Gewürz. In den Konditoreien wurden Figuren verkauft, die den König Ahasveros, den betrügerischen Haman, den Kammerdiener Harbon und die Königin Waschti darstellen sollten. Für uns war es ein Hochgenuß, Haman ein Bein abbeißen zu können oder den Kopf von Königin Esther zu verzehren. Die ganze Gasse war von fröhlichem Geschrei und Gelächter erfüllt, allen Hamans auf der Welt zum Trotz.

ISAAC BASHEVIS SINGER: *Das Purimgeschenk*

KRUPNIK (PILZSUPPE MIT GRAUPEN)

für 8 Personen

250 g Tomaten, gehäutet und
  geviertelt
1 kleine Zwiebel, fein
  gehackt
2 Löffel Sellerieknolle mit
  dem Kraut, klein gehackt
1 Löffel Petersilie, klein
  geschnitten
¹/₄ Tasse Graupen
¹/₄ Tasse Bohnen
1 kleine Möhre, in
  Scheiben geschnitten
1 Tasse getrocknete Pilze,
  über Nacht eingeweicht
  und fein geschnitten
1 Löffel Salz
1 Löffel frischer Dill,
  gehackt
¹/₄ Teelöffel Pfeffer
1 l Wasser

Tomaten, Zwiebel, Selle-
rie, Petersilie, im voraus
eingeweichte Bohnen,
überspülte Graupen und
Pilze auf mäßiger Flamme
1¹/₂ Stunden in 1 l Wasser
kochen. Dann Möhren,
Salz, Pfeffer und Dill
zugeben und noch etwa
¹/₂ Stunde kochen, bis die
Möhren weich sind. Wenn
die Suppe zu dick ist,
während des Kochens
Wasser zugießen.

WÜRSTCHEN AUS ERBSEN

▶

etwa 20 Stück

3 Tassen Erbsen
8 Schnitten Weißbrot ohne
  Rinde
2 Eier
3 geriebene Knoblauchzehen
¹/₄ Teelöffel scharfer Paprika
1–2 Teelöffel Salz
¹/₄ Teelöffel Pfeffer
Öl zum Braten

Erbsen verlesen, über-
spülen, mit Wasser über-
gießen und über Nacht
stehenlassen. Am folgen-
den Tag etwa 20 Minuten
kochen, abseihen und
auskühlen lassen. Die ge-
kochten Erbsen mit dem
Weißbrot durch den Wolf
drehen, mit Eiern, Knob-
lauch, Paprika, Salz und
Pfeffer vermengen. Die
Masse für 1 Stunde kalt
stellen, dann zu dicken,
etwa 5 cm langen Würst-
chen formen und in Öl
braten. Warm mit Senf
oder scharfem Ketchup
servieren.

KASCHA WARNISCHKES (GEDÜNSTETER BUCHWEIZEN MIT NUDELN)

für 3 Personen

1 Tasse Buchweizen
1 Ei
1 feingehackte Zwiebel
2 Löffel Petersilie, klein
  geschnitten
500 g Pilze, in Scheiben
  geschnitten und auf Fett
  gebraten, oder 2 Tassen
  getrocknete Pilze
2 Tassen Hühnerbrühe oder
  Wasser
1 Teelöffel Salz
$\frac{1}{2}$ Teelöffel Pfeffer
$\frac{1}{4}$ Teelöffel Cayennepfeffer
Öl zum Braten

Buchweizen in einer
Schüssel mit dem Ei
vermischen und 1 Stunde
stehenlassen. Inzwischen in
einer großen Kasserolle
Zwiebel und Petersilie auf
Öl anbraten. Pilze zugeben
und eine Weile braten. Zum
Schluß Buchweizen
zufügen und unter ständi-
gem Rühren leicht rösten.

Brühe oder Wasser zu-
gießen, salzen, pfeffern,
und zugedeckt etwa 20
Minuten auf mäßiger
Flamme langsam dünsten,
bis die Flüssigkeit verdunstet und der Buchweizen
weich ist. Er darf aber nicht
ausgetrocknet sein. Bei
Verwendung von
getrockneten Pilzen diese

vorher für mindestens
2 Stunden einweichen,
dann garkochen und klein
schneiden. So zubereiteten
Buchweizen reicht man als
eigenes Gericht oder
vermengt ihn im Verhältnis
von 1 : 1 mit gekochten
breiten Nudeln. Er kann
auch als Strudelfülle
verwendet werden.

KARTOFFEL-KROKETTEN MIT FLEISCH-FÜLLE

15–20 Kroketten

Teig:

1 kg Kartoffeln, gekocht und
   zerdrückt
1 große Ei
6 Löffel griffiges Mehl
2 Löffel Kartoffelmehl
1 Teelöffel Salz

Fülle:

500 g mageres gehacktes
   Rindfleisch
1 mittelgroße Zwiebel, sehr
   fein gehackt
4–5 geriebene
   Knoblauchzehen
1 Paprikaschote, fein
   geschnitten
1 Teelöffel Salz
$\frac{1}{2}$ Teelöffel Pfeffer

zum Panieren:

1 großes Ei, mit 1 Tee-
   löffel Wasser verquirlt
Mazzemehl oder
   Semmelbrösel
Öl

Das gesalzene und gepfef-
ferte Fleisch mit Zwiebeln,
Knoblauch und Paprika auf
mäßiger Flamme dünsten,
bis das Fleisch braun ist
und die Paprikastücke
weich sind. Auf einem
bemehlten Brett einen Teig
zubereiten, etwa $\frac{1}{2}$ cm dick
ausrollen und in Vierecke
von etwa 10 cm Seitenlän-
ge zerschneiden. Auf jedes
Viereck 1 Teelöffel Fülle
geben, die Räder zu
Dreiecken zusammenlegen
und fest andrücken. Die
fertigen Dreiecke in Ei
tauchen, in Mazzemehl
oder Semmelbröseln
wenden und in heißem Öl
von beiden Seiten goldgelb
braten.

PUTEN-
MEDAILLONS

für 4 Personen

600–880 g Putenbrust ohne
  Knochen und Haut
1 Teelöffel Salz
1/2 Teelöffel Ingwer
1 Teelöffel weißer Pfeffer
2 Löffel Weißwein oder Saft
  von 1 Zitrone
1/4 Teelöffel Paprika
1/2 Tasse Mandeln, gehackt
  und geröstet
3–4 Löffel Öl
1 kleinere Weintraube
1 Orange, geschält und in
  Scheiben geschnitten

Aus dem Putenfleisch
12–16 Medaillons schnei-
den, leicht klopfen, salzen,
mit Ingwer, Paprika und
weißem Pfeffer würzen,
mit Wein oder Zitronensaft
und Öl beträufeln und für
kurze Zeit kalt stellen. Auf

heißem Fett braten. Wenn
das Fleisch weich ist,
Trauben und Orangen-
scheiben zugeben und
noch eine Zeitlang dün-
sten. Vor dem Servieren
mit gerösteten Mandeln
bestreuen.

GEFÜLLTER TRUTHAHN

für 6 Personen

1 kg Truthahnbrust
1 Teelöffel Salz
$^1\!/_2$ Teelöffel Pfeffer

Fülle:

1 Tasse Farfeln
1 feingehackte Zwiebel
1 Tasse Brühe
1 Teelöffel Salz
$^1\!/_2$ Teelöffel Pfeffer
$^1\!/_4$ Teelöffel geriebene
   Muskatnuß
1 Möhre, geraspelt und
   halbgar
$^1\!/_2$ Tasse Sellerie, geraspelt
   und halbgar
$^1\!/_2$ Tasse Petersilie, fein
   gehackt

Farfeln auf den glasigen Zwiebeln dünsten, mit Brühe übergießen, mit Salz, Pfeffer und Muskatnuß abschmecken. Gehackte Petersilie und geraspelte Möhren und Sellerie zugeben. Die Masse verrühren. Truthahnbrust enthäuten, auslösen und zu einer Scheibe klopfen. Fleisch salzen und pfeffern mit der Fülle bestreichen, zusammenrollen und in Alufolie wickeln oder mit einem Bindfaden verschnüren. Etwa 1 Stunde bei 180°C braten, bis das Fleisch gar ist. Während des Bratens mit Wasser oder Brühe übergießen. Mit derselben Fülle kann man auch den Hals füllen.

KNISCHES

für 4–6 Personen

2$\frac{1}{2}$ Tassen halbgriffiges Mehl
1 Teelöffel Backpulver
2 Eier
$\frac{1}{2}$ Teelöffel Salz
$\frac{2}{3}$ Tasse Öl
2 Löffel Wasser

Fleischfülle:

$\frac{1}{2}$ Tasse feingehackte
   Zwiebeln
2 Löffel Hühnerschmalz oder
   Öl
1$\frac{1}{2}$ Tassen Rindfleisch,
   gekocht und durch den
   Fleischwolf gedreht
1 Ei
1 Teelöffel Salz
$\frac{1}{4}$ Teelöffel Pfeffer

Mehl, Backpulver und Salz in einer Schüssel vermengen. In das Mehl eine Vertiefung drücken, das mit Öl und Wasser verquirlte Ei hineingießen und zu einem Teig verarbeiten. Den Teig in zwei Hälften teilen, sehr dünn ausrollen, leicht mit Öl bestreichen und Plätzchen von etwa 6 cm Durchmesser ausstechen. Für die Fleischfülle alle Zutaten gründlich vermengen, je einen Teelöffel in die Mitte der Plätzchen geben, Teigränder so verbinden, daß Dreiecke entstehen und die Fülle sichtbar ist. Auf einem gefetteten Blech in der vorgeheizten Röhre bei 190°C 35 Minuten backen.

KARTOFFEL-KNISCHES MIT LEBER

für 3–4 Personen

2 Tassen gekochte Kartoffeln
2 verquirlte Eier
2 Löffel Hühnerschmalz oder Öl
1 Teelöffel Salz
¼ Teelöffel Pfeffer
1 geriebene Zwiebel
½ Tasse griffiges Mehl
1 Löffel Kartoffelmehl
1 Eigelb, mit 2 Teelöffeln Wasser verquirlt

Fülle:

1 Tasse gekochte Hühner- oder Rindsleber oder
1 Tasse Rindfleisch, gekocht und durch Wolf gedreht
½ Teelöffel Salz
¼ Teelöffel Pfeffer
1 Löffel Kartoffelmehl

Auf dem Brett aus Kartoffeln, Eiern, griffigem und Kartoffelmehl, Zwiebeln, Fett, Salz und Pfeffer einen ziemlich festen Teig bereiten. Etwa 3 cm hohe Pyramiden formen. In die Mitte eine Vertiefung drücken und einen Teelöffel Fülle hineingeben. Die Knisches mit in Wasser verquirltem Eigelb bestreichen und auf ein gut gefettetes Blech legen. Etwa 20 Minuten bei 180°C backen.

FLEISCH
MIT LINSEN
UND REIS

für 4 Personen

1 kg mageres Rindfleisch
2 feingehackte Zwiebeln
2 Löffel Pflanzenfett oder Öl
1 Tasse Linsen (Erbsen)

1 Teelöffel Salz
$\frac{1}{4}$ Teelöffel Pfeffer
4 Tassen siedendes
   Wasser
$\frac{1}{2}$ Tasse Reis

Linsen für kurze Zeit in kaltem Wasser einweichen (wenn Erbsen verwendet werden, über Nacht einweichen). Das in größere Würfel geschnittene Fleisch mit den Zwiebeln im Fett anbraten. Linsen oder Erbsen zugeben, salzen, pfeffern, mit siedendem Wasser übergießen, verrühren und zugedeckt auf mäßiger Flamme 1$\frac{1}{2}$ Stunden kochen, bis das Fleisch fast gar ist. Dann den überspülten Reis zugeben und noch 25 Minuten kochen. Mit sauren Gurken reichen.

BACKWERK DER KÖNIGIN ESTHER

etwa 45 Plätzchen

$^1/_2$ Tasse Butter oder
    Margarine
1 großes Ei
1 Löffel Wasser
$^1/_2$ Teelöffel Vanilleextrakt
$^1/_2$ Tasse Zucker
2 Tassen Mehl
$^1/_2$ Teelöffel Backpulver
$^1/_4$ Tasse Mohn

Zucker mit Butter oder Margarine schaumig rühren. Ei, Wasser und Vanilleextrakt zugeben. Zuletzt Mohn und mit Backpulver vermengtes Mehl einrühren, zu einem sehr festen Teig verarbeiten, in Folie wickeln und für einige Stunden in den Kühlschrank legen. Auf einem bemehlten Brett etwa 1 cm dick ausrollen und verschiedene Formen ausstechen. Auf einem leicht gefetteten Blech etwa 10–15 Minuten bei 180°C backen.

HAMAN-TASCHEN

etwa 20 Stück

Teig:

$^1/_2$ Tasse weiche Margarine
    oder Butter
$^1/_4$ Tasse brauner Zucker
$^1/_4$ Tasse Honig
2 große Eier
1 Teelöffel Vanilleextrakt
1 Teelöffel Backpulver
$^1/_2$ Teelöffel Speisesoda
$2^1/_2$ Tassen Mehl

Margarine oder Butter mit
Zucker und Honig rühren,
verquirlte Eier, Vanilleextrakt,
mit Backpulver und Speisesoda
vermischtes Mehl zugeben
und zu einem glatten Teig
verarbeiten. Den Teig in Folie
wickeln und für 2–3 Stunden
in den Kühlschrank legen.
Dann etwa $^1/_2$ cm dick ausrollen und in Vierecke von 10 cm
Seitenlänge schneiden. Auf
jedes Viereck einen gehäuften
Teelöffel Fülle geben, den
Teig so zusammenlegen, daß
ein Dreieck entsteht, und die
Ränder gut andrücken. Die
Dreiecke auf einem
gefetteten Blech etwa
20 Minuten bei Mittelhitze
goldgelb backen. Aus dem
ausgerollten Teig kann man
Plätzchen von etwa 8 cm
Durchmesser ausstechen, die
Fülle in die Mitte geben und
die Teigränder so verbinden,
daß ein Dreieck entsteht und
die Fülle sichtbar ist.

Andere Teigart:

$^2/_3$ Tasse Margarine
$^1/_2$ Tasse Zucker
1 Ei
3 Löffel Wasser oder Milch
$^1/_2$ Teelöffel Vanilleextrakt
$2^1/_2$–3 Tassen Mehl

Zum Füllen der Hamanta-
schen verwendet man Mohn-,
Nuß- oder Pflaumenmusfülle.

Diese ist vor allem in
Böhmen beliebt, angeblich
zum Andenken an den
Pflaumenmushändler
David Brandeis aus Mladá
Boleslav, der des Meuchel-
mordes an seinem Kunden
bezichtigt, aber vor
Gericht für unschuldig
erklärt wurde. Das soll
gerade zur Purimzeit
geschehen sein.

Mohnfülle:

$^3/_4$ Tasse Zucker
$^1/_4$ Tasse Wasser
200 g gemahlener Mohn
1 Eiweiß
$^1/_2$ Teelöffel Vanilleextrakt
Saft von $^1/_2$ Zitrone
Saft von $^1/_2$ Orange
1 Löffel Rum
1 Tasse Rosinen

$^1/_4$ Teelöffel Zimt
1 Tasse Aprikosen- oder
    Himbeerkonfitüre
$^1/_4$ Tasse Margarine

Wasser und Zucker auf
kleiner Flamme unter
ständigem Rühren aufko-
chen lassen. Gemahlenen
Mohn, Eiweiß, Vanille-
extrakt, Zitronen- und

GHOURIBI (BUTTER-KÜCHLEIN MIT ZIMT)

etwa 20 Küchlein

1 Tasse Butter
1 Tasse Zucker
3 Tassen halbgriffiges
  Mehl
$^1/_3$ Tasse geriebene Nüsse
oder Mandeln
Zimt

In einer Schüssel Butter mit Zucker schaumig rühren. Langsam Mehl und zuletzt Nüsse zugeben. Zu einem glatten Teig verarbeiten, daraus eigroße Kugeln und aus diesen Küchlein formen, die nicht flach sein dürfen. Die Küchlein auf ein Blech legen und mit Zimt bestreuen. Etwa 45 Minuten in der vorgeheizten Röhre bei 180˚C backen. Die Küchlein müssen weiß bleiben.

◄

Orangensaft, Rum, Rosinen und Zimt zugeben und unter ständigem Rühren etwa 5 Minuten kochen. Konfitüre und Margarine zufügen und noch kurze Zeit kochen, bis alles gut vermengt ist und die Margarine sich aufgelöst hat. Vor dem Füllen eine Weile kalt stellen.

Nußfülle:

1 Tasse geriebene Nüsse
1 Tasse Zucker
$^1/_2$ Teelöffel
   Vanilleextrakt
Saft von $^1/_2$ Zitrone
Saft von $^1/_2$ Orange
1 Löffel Rum
$^1/_4$ Tasse Rosinen
$^1/_2$ Teelöffel Zimt

$^1/_2$ Tasse Orangenmarmelade

Alles gut verrühren und füllen.

Pflaumenmusfülle:

2 Tassen Pflaumenmus
Saft von $^1/_2$ Orange
$^1/_2$ Tasse gemahlene
   Mandeln oder Nüsse

PESSACH

פסח „Warum unterscheidet sich diese Nacht von allen anderen Nächten? In allen anderen Nächten können wir Gesäuertes und Ungesäuertes essen. In dieser Nacht nur Ungesäuertes. In allen anderen Nächten können wir allerlei Kräuter essen, in dieser Nacht nur bittere Kräuter. In allen anderen Nächten müssen wir kein einziges Mal eintunken, in dieser Nacht zweimal. In allen anderen Nächten können wir frei sitzend oder angelehnt essen, in dieser Nacht sitzen wir alle angelehnt." So spricht das jüngste Kind in der Familie an der festlich gedeckten Sedertafel am ersten Pessachtag. In dieser Zeit gedenkt die ganze jüdische Welt der Befreiung aus der ägyptischen Knechtschaft und des Beginns eines neuen, freien Lebens. Pessach ist das hebräische Wort für Überschreitung. Es bezieht sich auf die Nacht, in der der Herr die Ägypter heimsuchte und ihre Erstgeborenen tötete; er überschritt jedoch die Häuser der Israeliten und bewahrte sie vor dem Verderben, das er über die Ägypter brachte.

Wie alle jüdischen Feiertage ist auch das Pessachfest einem komplizierten symbolischen Ritual unterworfen, in dem auch scheinbare Nebensächlichkeiten ihren festen Platz und ihre Bedeutung haben. Und dennoch unterscheidet es sich wesentlich von anderen Festen. Der wichtigste Teil des Ritus wird nämlich nicht im Rahmen des synagogalen Gottesdienstes vollzogen, sondern in einer häuslichen Familienfeier, dem Sederabend, zu dem sich alle Familienmitglieder, auch die jüngsten, an der Festtafel versammeln. Doch davor ist eine Reihe von Vorbereitungen zu treffen.

Pessach wird auch als Fest der ungesäuerten Brote bezeichnet. Bei ihrem eiligen Aufbruch aus Ägypten hatten die Juden keine Zeit, Mundvorrat vorzubereiten. Sie nahmen nur den noch ungegorenen Teig mit und buken daraus auf dem Weg ungesäuertes Brot (Ex. 12, 39). Gott aber befahl dem Volk Israel, diesen Tag für alle Zeiten zu feiern, als Erinnerung an seine Befreiung aus Ägypten. „Sieben Tage sollt ihr ungesäuertes Brot essen. Schon am ersten Tag sollt ihr den Sauerteig aus euren Häusern tun. Wer gesäuertes Brot ißt, vom ersten Tag an bis zum siebenten, der soll ausgerottet werden aus Israel" (Ex. 12, 15). Und dieses Verbot wird bis auf den heutigen Tag eingehalten. In jedem jüdischen Haushalt wird vor Beginn des Pessachfestes die ganze Wohnung nach gesäuerten Speisen durchsucht, die am folgenden Tag verbrannt werden. Gesäuertes heißt hebräisch Chamez, Ungesäuertes Mazza. Diese beiden Wörter ähneln einander wie der gegorene und der ungegorene Teig, die mit ihnen bezeichnet werden. Beide Teigarten unterscheiden sich nur durch die Zeit, die zwischen ihrer Zubereitung und dem Backen verstreicht. Weiches, lockeres Gebäck aus gegorenem Teig sieht aber viel einladender aus und ist weit schmackhafter als die schalen Mazzot. Gerade deshalb wird Chamez als Symbol der Anmaßung, des Hochmuts und des Hanges zum Bösen betrachtet. Ägypten galt der Bibel als Inbegriff der Hoffart und des Götzendienstes. „Wer ist der Herr, daß ich ihm gehorchen müsse und Israel ziehen lasse? Ich weiß nichts von dem Herrn, will auch Israel nicht ziehen lassen" (Ex. 5, 2), erwiderte der Pharao, als Moses und Aaron ihre Bitten aussprachen. Der einzige Gott, den die Ägypter verehrten, war der Reichtum. Von dieser Gesinnung wurden zwangsläufig auch die Juden beeinflußt, die 430 Jahre in der ägyptischen Sklaverei verbracht hatten. Der Genuß der Mazzot kann daher als symbolische geistige Reinigung vor dem Beginn eines neuen Lebens gedeutet werden. Das Chamez ist hingegen mit dem vergangenen Leben in Lüge und Knechtschaft verknüpft. Deshalb darf zu Pessach nicht das kleinste Stückchen Chamez in unserem Besitz und unserer Seele bleiben. Am Vorabend des ersten Feiertages muß jeder das Gebot des Suchens von Chamez erfüllen. Dabei zieht das Heil in seine Seele ein und verleiht ihr die Kraft, das Böse, das sich in ihr eingenistet hat, aufzudecken und zu vernichten.

◄

Verteilung von Mazzot
zu Pessach.
Spanien, 1320–1330

*Sederabend. Deutschland,
15. Jahrhundert*

*Pessach-Haggada:
Suchen von Chamez.
Mähren, 1728*

Als Chamez wird alles gesäuerte Gebäck aus Weizen-, Gersten-, Hafer-, Spelz- und Reismehl betrachtet und ebenso alle anderen gegorenen Speisen und Getränke. Die aschkenasischen Juden halten auch alle Bohnenarten, Reis, Hirse, Mais, Erdnüsse und Sonnenblumensamen für Chamez. Gewöhnlich wird am Abend des 13. Nissan gesucht, und zwar sehr gründlich. Jeder Winkel des Hauses muß durchsucht werden, auch wenn man weiß, daß dort kein Chamez vorhanden ist. Wichtig ist nämlich nicht das Finden, sondern das Suchen. Man muß suchen, auch wenn sich nicht ein Stückchen Brot im Haus befindet. Damit das Suchen aber nicht ganz erfolglos bleibt, ist es Brauch, im voraus an bestimmten Stellen kleine Stückchen Chamez zu verstecken. Nach Rabbi Jizchak Luria sollten es mindestens zehn sein. Alles gefundene Chamez wird sorgsam an einem Platz aufbewahrt, damit es am nächsten Tag verbrannt werden kann. Aber auch wenn man alles gründlich durchsucht hat, läßt sich nicht ausschließen, daß doch noch irgendwo ein Krümchen vergessen wurde, daher sagt man nach Beendigung des Suchens: „Aller Sauerteig und alles Gesäuerte, das sich in meinem Besitz befindet, ob ich's gesehen oder nicht gesehen und nicht weggeräumt habe, soll als nicht vorhanden gelten und als herrenlos und dem Staube der Erde gleich angesehen werden." Diese Formel wird am 14. Nissan nach dem Verbrennen des Chamez wiederholt. Chamez zu genießen oder anderen Nutzen daraus zu ziehen ist vom Mittag des 14. Nissan an verboten. „Und sollt also das Fleisch essen in derselben Nacht ... und ungesäuertes Brot..." heißt es in der Tora. Diese Worte gelten als Verbot, Chamez von dem Augenblick an zu genießen, an dem das Opferlamm geschlachtet werden darf.

*Mazzot-Rollholz. Böhmen,
18.–19. Jahrhundert*

Mit dem Entfernen von Chamez hängt auch die Verwendung eines eigenen Geschirrsatzes für das Pessachfest zusammen. In vielen jüdischen Familien gibt es für Pessach besonderes, womöglich kunstvoll dekoriertes Festgeschirr, das während des Jahres nicht benützt wird. Besitzt man kein solches Geschirr, kann man auch zu Pessach das gewöhnliche Geschirr benutzen, es muß aber gründlich gereinigt werden. Man taucht es in siedendes Wasser, um die geringsten Spuren von Chamez zu entfernen, die während des Jahres daran haften geblieben sein könnten. Die Trennung von Geschirr für Milch- und Fleischgerichte gilt natürlich auch während der Pessachfeiertage, und deshalb kaschert man beide Sätze gesondert. Glasgeschirr muß drei Tage lang in Wasser liegen, das alle 24 Stunden gewechselt wird. Für Ton- und Porzellangeschirr sowie für Küchengeräte läßt sich dieses Verfahren aber nicht anwenden, da sie auf diese Weise nicht gründlich genug gesäubert würden.

Am 14. Nissan ist es verboten, Arbeiten zu verrichten, die einen persönlichen Gewinn bringen. Nach Ansicht der Weisen hat an diesem Tag niemand Erfolg bei seinen Unternehmungen. Das gilt aber nicht für die Vorbereitungen zur Sederfeier. Anders verbringen die erstgeborenen Söhne diesen Tag. Für sie ist der 14. Nissan ein Fasttag, zum Andenken an die Verschonung der israelitischen Söhne vor der Vernichtung, die allen Erstgeborenen in Ägypten bestimmt war.

Die Sederfeier ist ein häuslicher Gottesdienst. Statt in der Synagoge sitzt man bequem angelehnt am festlich gedeckten Sedertisch. Alles, was dabei gesprochen, getan und gegessen wird, dient einem einzigen Ziel: nochmals alle Qualen und Leiden der 26 Generationen dauernden Knechtschaft zu durchleben und die Freude über die mühevoll erlangte Freiheit voll auszukosten. Die Liturgie der Sederfeier gleicht einem wunderbaren,

Sederschüssel. Österreich (Wien), Ende des 19. Jahrhunderts

Sederschüssel

kunstvoll angeordneten Mosaik, in dem jedes Steinchen seinen unvertauschbaren Platz hat. Seder ist das hebräische Wort für Ordnung. Nichts darf weggelassen werden, alles hat seine Bedeutung. Diese Symbole sprechen die Juden auf der ganzen Welt in gleicher Weise an und überbrücken die Kluft der Zeit, die sie von ihren Vorfahren trennt.

In entscheidendem Maße ist an der Symbolik der Sederfeier das Essen beteiligt, denn die wichtigsten Gebote der Tora für diesen Abend beziehen sich auf den Genuß bestimmter Speisen. „Achte auf den Monat Abib, daß du Passah hältst dem Herrn, deinem Gott; denn im Monat Abib hat dich der Herr, dein Gott, bei Nacht aus Ägypten geführt. Und sollst dem Herrn, deinem Gott, das Passah schlachten, Schafe und Rinder an der Stätte, die der Herr erwählen wird, daß sein Name daselbst wohne. Du sollst kein Gesäuertes dazu essen (Dtn. 16, 1–3). Mit diesen Worten befahl der Herr seinem Volk, jährlich des Auszugs aus Ägypten zu gedenken und das Überschreitungsopfer darzubringen, als Symbol für das Lamm, das alle Israeliten in Ägypten am Vorabend der letzten Nacht vor ihrer Befreiung schlachten sollten. In dieser Nacht aßen sie sein Fleisch mit

Pessach-Haggada:
Ma nischtane. Mähren, 1728

Pessachbecher. Böhmen, 1860

▶

Pessachbecher. Böhmen
(Theresienstadt), 1942–1945

ungesäuerten Broten und Bitterkraut und bestrichen mit dem Blut die Türpfosten ihrer Häuser als Zeichen für den Herrn, an ihnen vorüberzugehen (sie zu überschreiten), als er alle Erstgeborenen tötete. In biblischen Zeiten gehörte Pessach zu den sogenannten Wallfahrtsfesten. Alle Juden, die nicht mehr als 30 Tagesmärsche von Jerusalem entfernt wohnten, beteiligten sich an einer festlichen Pilgerfahrt zum Tempel, um auf seinem Altar das Pessachopfer darzubringen und den Auszug aus Ägypten durch ein großartiges Festmahl zu feiern, das aus Mazzot, Bitterkraut, Charosset, dem Pessachlamm und einem Chagiga (Friedensopfer) genannten Opfer bestand. Das Fleisch dieses Opfers stellte das Hauptgericht dar, denn das Pessachlamm durfte nicht verzehrt werden, um den Hunger zu stillen, sondern diente nur zur Erfüllung des göttlichen Gebotes. Der Tempel ist längst zerstört, deshalb können das Überschreitungs- und Friedensopfer nicht mehr dargebracht werden. Trotzdem finden beide wenigstens in symbolischer Form ihren Platz auf dem Sedertisch. Das Pessachopfer versinnbildlicht ein gebratener Fleischknochen, der rechts oben in der Sederschüssel liegt; das Friedensopfer, ein gekochtes Ei, liegt links auf gleicher Höhe wie der Knochen. Das Ei wird gewöhnlich in Salzwasser getaucht, als Symbol der Trauer über die Zerstörung des Tempels. Warum gedenkt man ihrer gerade zu Pessach? Nach Rabbi Darchej Mosche fällt der erste Pessachtag auf denselben Tag der Woche wie der 9. Aw, der Fasttag, an dem sich dieses traurige Ereignis jährt. Der Knochen und das Ei symbolisieren auch die beiden Helden der damaligen Geschehnisse, die Vermittler der göttlichen Gebote, Moses und Aaron, die sonst am ganzen Abend nicht erwähnt werden. Maimonides hält das Pessachlamm für ein Sinnbild des Götzendienstes der Ägypter, für die das Schaf ein heiliges Tier war. Durch das Schlachten des Lammes reinigten sich die Israeliten daher vom Heidenkult und wurden in ihrem Glauben an einen einzigen Gott bestärkt. Eine ähnliche Bedeutung könnte nach dieser Erklärung auch dem Ei auf der Sederschüssel zukommen. In Ägypten war nämlich der Genuß aller von lebenden Tieren kommenden Speisen verboten.

An der Spitze des imaginären Dreiecks, unter dem Knochen und dem Ei, liegt das Bitterkraut, hebräisch Maror. Sein bitterer Geschmack soll an die Leiden der Juden in der ägyptischen Gefangenschaft erinnern. Nach der rabbinischen Tradition eignen sich als Maror mehrere Gemüsearten von bitterem Geschmack, darunter Endivien, Kerbel und Meerrettich. Als am besten geeignet wird Lattich betrachtet, der anfangs süß

Tuch zum Bedecken der Mazzot. Osteuropa, 1861

schmeckt und erst später einen bitteren Geschmack auf der Zunge hinterläßt. So ging es nämlich auch den Israeliten in Ägypten. Anfangs lebten sie unter verhältnismäßig günstigen Bedingungen, aber später verbitterten die Ägypter ihr Leben durch harte Fron. Das Maror wird nicht allein genossen, sondern man taucht es in das süße Charosset, das seinen bitteren Geschmack etwas mildert. Charosset ist eine weitere traditionelle Sederspeise. In der Sederschüssel befindet es sich unterhalb des Knochens, etwas weiter rechts. Es ist das einzige wirklich wohlschmeckende Sedergericht, eine Mischung aus geriebenen Äpfeln, Rosinen, Haselnüssen und Mandeln, mit Rotwein verdünnt. Es sieht aus wie der Lehm, aus dem die Juden Ziegel herstellen mußten. Es hat aber noch eine andere wichtige Bedeutung: es symbolisiert die Apfelbäume, unter denen die jüdischen Frauen heimlich ihre Kinder gebaren, um sie vor den Ägyptern zu schützen. Dem Charosset wird Rotwein beigemengt, Sinnbild für das Blut der Beschneidung, das Blut des Pessachopfers und auch das Blut der jüdischen Knaben, die der Pharao ermorden ließ.

Unter dem Ei, aber etwas weiter rechts in gleicher Höhe wie das Charosset, liegt der Karpas, ein beliebiges, nicht bitteres Gemüse, gewöhnlich eine Kartoffel, Möhre oder Petersilienknolle in gekochtem oder rohem Zustand. Von diesem Gemüse wird am Beginn der Mahlzeit gleich nach dem Kiddusch gegessen. Vorher sagt man den traditionellen Segensspruch: „Gepriesen seist du Ewiger, unser Gott, König der Welt, der du die Erdfrucht erschufst." Dieser Segensspruch bezieht sich auch auf das Maror, das erst später gegessen wird.

Unter das Charosset und den Karpas, an die Spitze des zweiten Dreiecks, legt man das Chaseret, das dieselbe Bedeutung hat wie das Maror und aus dem gleichen Gemüse bestehen kann. Im Unterschied zum Maror wird aber nicht davon gegessen, es spielt nur eine symbolische Rolle.

Pessach-Haggada:
Titelblatt. Mähren, 1728

▶

Pessach-Haggada:
Die zehn Plagen Ägyptens.
Mähren, 1728

Pessach-Haggada:
Kiddusch.
Mähren, 1728

Auf dem Sedertisch liegen noch drei weiße, knusprige Mazzot. Sie sind so in ein besonderes Tuch eingeschlagen, daß sie voneinander getrennt sind. Die ungesäuerten Brote waren die Nahrung unserer Vorfahren in der letzten Nacht vor der Befreiung und auch am Beginn des neuen, freien Lebens. In der letzten Nacht, die sie in der Gefangenschaft verbrachten, aßen sie Mazzot mit Bitterkraut zum Fleisch des Pessachlamms, und als sie dann Ägypten in großer Eile verließen, hatten sie keine Zeit, anderen Mundvorrat mitzunehmen als ungegorenen Teig, aus dem sie in der Wüste Sinai ungesäuertes Brot buken. So sind die Mazzot das Brot des Elends und auch der Erlösung.

Während man am Sabbat und an anderen Festtagen mit zwei Challot auskommt, werden für die Sederfeier drei Mazzot benötigt. Die oberste Mazza wird Kohen genannt, die mittlere Levi und die unterste Israel. Der Vater bricht die mittlere Mazza in zwei ungleiche Teile; vom kleineren Teil werden alle Anwesenden während der Feier essen, um wie vorgeschrieben in dieser Nacht ungesäuertes Brot zu genießen. Den größeren Teil, den sog. Afikomen, bewahrt er auf. Die drei Mazzot symbolisieren die drei Stammväter, Abraham, Isaak und Jakob, oder auch die drei Maß weißes Mehl, aus denen Sara in Abrahams Auftrag Mazzot bereitete, um die Engel zu bewirten, die sie unverhofft besuchten.

Vor jedem Tischgenossen steht ein möglichst schöner, reichverzierter Weinbecher, der im Laufe des Abends viermal gefüllt wird. Die vier Becher Wein sind der symbolische Ausdruck der vier Stufen der Erlösung, wie sie im 2. Buch Mose beschrieben werden: „Ich bin der Herr und will euch wegführen von den Lasten, die euch die Ägypter auflegen, und will euch erretten von eurem Frondienst und will euch erlösen mit ausgerecktem Arm und durch große Gerichte; ich will euch annehmen zu meinem Volk und will euer Gott sein" (Ex. 6, 6–7). Nach Rabbi Levy bedeuten sie die vier Mächte, die Israel nach Ägypten beherrschten, Babylon, Persien, Griechenland und Rom. Der berühmte Rabbi Löw bringt sie mit den Stammüttern Sara, Rebekka, Rachel und Lea in Verbindung, die in entscheidendem Maße an der künftigen Befreiung der Israeliten aus der ägyptischen Knechtschaft beteiligt waren. Aber nicht nur die Anwesenden haben ihre Weinbecher. Der größte Becher ist dem Propheten Elias vorbehalten, der als Ehrengast zur Sedertafel geladen wird.

Die Sederfeier besteht nicht nur aus Essen und Trinken. „Es liegt in unserer Pflicht, den Auszug aus Ägypten zu erzählen, denn jeder. der den Auszug aus Ägypten genau erzählt, dem gebührt das Lob." So heißt es in der Haggada, einem kleinen, sehr weisen Büchlein voll schöner Erzählungen und Abbildungen. Sie ist wahrscheinlich der älteste allgemein verbreitete rituelle Text und eines der wenigen reich illustrierten gottesdienstlichen Bücher. Das Wort Haggada bedeutet Erzählung. Der Hauptteil der Haggada handelt vom Auszug aus Ägypten. Der weiterführende Text wird durch Toraabschnitte und Kommentare aus dem Midrasch ergänzt. Die Haggada enthält auch zahlreiche Ge-

Pessach-Haggada:
Vier Söhne.
Mähren, 1729

Pessach-Haggada:
Durchzug durch das Rote
Meer. Mähren, 1728

Omerkalender. Böhmen,
um 1800

bete, Segenssprüche und Psalmen sowie die Erklärung der einzelnen rituellen Handlungen, die sie in genauer Reihenfolge verzeichnet. Sie schließt mit dem traditionellen Sederlied vom Lämmchen, das von den Kindern sehnsüchtig erwartet wird. Am Ende der Haggada findet sich auch die Omer-Zählung, die nach dem Sederabend am zweiten Tag des Pessachfestes beginnt.

Die Haggada ist ein unverzichtbarer Bestandteil der Sederfeier. Sie wird vom Vater vorgelesen. Gewöhnlich liegt jedoch vor jedem Anwesenden eine eigene Haggada, damit alle den Text verfolgen können. Die Sederfeier soll die Neugier der Kinder wecken und sie veranlassen, selbst nach dem Sinn der biblischen Geschehnisse zu fragen. So wird das Gebot des Herrn erfüllt: „Und wenn dich heute oder morgen dein Sohn fragen wird: Was bedeutet das? – sollst du ihm sagen: Der Herr hat uns mit mächtiger Hand aus Ägypten, aus der Knechtschaft geführt" (Ex. 13, 14). Es ist kein Zufall, daß das jüngste Familienmitglied die vier Fragen der Haggada zu stellen hat, die mit den Worten beginnen: „Ma nischtane ha-lajla hase", warum unterscheidet sich diese Nacht von allen anderen Nächten?

Pessach-Haggada:
Das Lied vom Lämmchen, I.
Mähren, 1728

Pessach-Haggada:
Das Lied vom Lämmchen, II.
Mähren, 1728

Pessach-Haggada:
*Vorbereitung und Verlauf der
Sederfeier. Mähren, 1728*

Pessach-Haggada:
*In einer Mühle.
Deutschland, 1460–1470*

Nachdem Rabbi Baruch am Vorabend des Passahfestes das Gesäuerte verbrannt und die Asche verstreut hatte, sprach er den Spruch und deutete ihn aus: „ ‚Aller Sauerteig, der in meinem Bereich ist‘ – alles Gärende in mir; ‚was ich erblickt und was ich nicht erblickt habe‘ – wenn mich auch dünkt, ich hätte mich in mir gut umgesehen, so habe ich mich gewiß noch gar nicht recht umgesehen; ‚was ich verbrannt und was ich nicht verbrannt habe‘ – der böse Trieb redet mir zu, ich hätte alles verbrannt, aber nun merke ich erst, ihn habe ich nicht verbrannt; darum bitte ich dich, Gott, ‚es sei vertilgt und vertan wie Staub der Erde‘.“

MARTIN BUBER: *Die Erzählungen der Chassidim*

Einige Tage vor Pessach kam irgendwo in Rußland ein armer Mann zum Rabbi, um seinen Rat zu erbitten. Er beklagte sich bitter: „Ich bin in einer furchtbaren Lage. Das Fest steht vor der Tür und ich habe keine Mittel, um es zu feiern, wie es sich gehört. Ich habe kein Geld, um Mazzot und Fleisch zu kaufen, geschweige denn Pessachwein. Meine Familie und ich können uns nicht beim Festgottesdienst in der Synagoge zeigen, denn wir haben alle nur alte, abgetragene Kleider.“ Der Rabbi versuchte ihn zu trösten: „Mach dir keine Sorgen. Der Allmächtige wird dir helfen.“ Aber der unglückliche Mensch war nicht zu beruhigen. „Ich habe so viele Sorgen, Rabbi“, klagte er, „Es sind viel zu viele für mich.“ „Nun“, sprach der Rabbi, „wenn das so ist, laß uns deine Sorgen gemeinsam prüfen.“ Und er begann sogleich zu rechnen: „Wieviel brauchst du, um Mazzot, Fleisch und Pessachwein zu kaufen?“ „Sechzehn Rubel.“ „Und für die Kleidung deiner Kinder?“ „Achtzehn Rubel.“ „Und was kostet ein neues Kleid für deine Frau?“ „Acht Rubel.“ „Und ein neuer Anzug für dich?“ „Zehn Rubel.“ Der Rabbi setzte sich an den Tisch, rechnete alles zusammen und sagte: „Du brauchst im ganzen zweiundfünfzig Rubel. Siehst du, jetzt mußt du dich nicht mehr sorgen, wie du Mazzot, Fleisch, Pes-sachwein und Kleidung für die ganze Familie beschaffen sollst. Dir bleibt nur eine einzige Sorge übrig – wie du zweiundfünfzig Rubel auftreibst.“

NATHAN AUSUBEL: *A treasure of Jewish folklore*

Als erstes ließ Mutter einen Gänserich stopfen, um jomtiwiges Schmalz zu erhalten. Vater bestellte 12–15 kg Mazzot, damit auch etwas zum Verschenken übrigblieb. Mutter sparte einen großen Korb Eier auf, wobei sie von unseren braven Hennen nachhaltig unterstützt wurde. Eine Woche vor den Feiertagen wurde aufgeräumt, getüncht und gescheuert. Wir konnten das Ende des Schulunterrichts kaum erwarten und liefen nach Hause, um zu helfen, das sorgfältig verpackte Festgeschirr vom Boden herunterzutragen.

Mutter hatte in der Küche alle Hände voll zu tun. Beim Einsalzen und Schneiden des Gänsefettes durften wir helfen. Nachdem der Herd, die Bratröhre, der Mörser und die Ofenbank mit glühenden Kohlenstückchen und Kieselsteinen gekaschert worden waren und man das Chamez, die Mazzot von den vorjährigen Feiertagen verbrannt hatte, mußte Mutter noch die Sederschüssel vorbereiten. Sie brauchte dazu ein in Asche gebackenes Ei und einen in Salzwasser gekochten Knochen, Petersilie, Meerrettichkraut und einen geriebenen Apfel, den sie mit gehackten Mandeln vermischte. Jede dieser Speisen wurde in einem eigenen Schüsselchen angerichtet. In ein besonders langes Handtuch schlug sie dreimal übereinander je eine unversehrte, makellose Mazza ein. Es war nicht immer leicht, solche Mazzot zu finden. Obenauf breitete sie ein mit hebräischen Lettern besticktes Deckchen aus und stellte alle die Schüsselchen darauf, das Ei und den Knochen in die Mitte. Bei diesen Vorbereitungen strahlte Mutters liebes, schönes Gesicht eine besondere festliche Freude aus, die sich auf uns sechs Kinder übertrug, die wir zum Feiertag heimgekehrt waren. Wir standen im Kreis um sie herum und verfolgten ehrfürchtig jeden ihrer Handgriffe. Endlich war alles fertig, auch die beliebten Suppenknödel, die meine ältere Schwester und ich formen durften. Wir liefen noch rasch in den Garten, um Veilchen zu holen, und stellten die Vase zwischen die Leuchter. Mutter zündete die Kerzen an, hob die Hände und sprach den Segen. Vater öffnete eine Flasche Wein, füllte jedem seinen Becher, verteilte die Haggadabüchlein, und nachdem man sich die Hände gewaschen hatte, nahm die ganze Familie am Tisch Platz. Die jüngste Schwester trug das Ma nischtane vor, Vater sprach die einzelnen Segenssprüche vor und wir wiederholten sie. Dem Text der Haggada konnten wir freilich bei weitem nicht folgen, aber beim Leeren der Weinbecher hielten wir tapfer mit (die Kinder bekamen mit Wasser verdünnten Wein). Die bitteren Kräuter machte uns Vater mundgerecht, indem er sie mit dem Apfel vermischte und sie mit seinem Lächeln zu versüßen suchte. Trotzdem fand man aber nachher ein paar Überreste unter dem Tisch. Nur im Anlehnen nach links und nach rechts blieben wir nicht zurück und zählten auch gewissenhaft die zehn ägyptischen Plagen auf, indem wir den Rand des Weinbechers zehnmal mit dem kleinen Finger berührten. Vater sang die Gebete mit seiner wohlklingenden Stimme und wir bedauerten, daß wir ihren genauen Wortlaut nicht verstanden. Wir waren unruhig und tuschelten miteinander, was uns Vaters strengen, rügenden Blick eintrug. Wir waren froh, als das Abendessen aufgetragen wurde, da mußten wir nicht mehr still sein.

Am nächsten Morgen freuten wir uns auf den Kaffee mit Mazzot. Jeder brockte sie in seine Tasse ein, die viel größer war als die gewöhnliche, und Mutter goß den heißen Kaffee darüber. Vormittags gab es auf Mazzot gebratene oder hartgekochte Eier. Zum Mittagessen hatten wir Mazzeloksch mit Weinschaumsoße, zum Fleisch wurde Apfelkren oder Kompott aus getrockneten Pflaumen und Äpfeln gereicht. An den übrigen Tagen des Festes aßen wir außer Kartoffeln Dalken mit Pflaumenmus, Grimslez, Auflauf mit Weinschaumsoße und nochmals Mazzeloksch. Am liebsten aßen wir aber Mutters unübertreffliche Makronen.

Pessach war immer das schönste Familienfest, an das wir gerne zurückdenken, und wir bedauern, daß es uns niemals mehr möglich sein wird, es so zu feiern.

VALENTINA TURNOVSKÁ: *umgekommen in Auschwitz 1942–1943 (nicht veröffentlicht)*

Es genügt nicht, daß alles Gesäuerte beseitigt wurde, man muß das auch bildlich ausdrücken. Das geschieht folgendermaßen: Am Abend vor Erew Pessach geht die Hausfrau mit dem Familienoberhaupt durch die ganze Wohnung, damit er, der Herr des Hauses, der vor Gott für alles verantwortlich ist, selbst allen Sauerteig entfernen kann. Zu diesem Zweck legt sie in der Stube einige Stückchen Brot auf den Tisch, die Bank und das Fenster und ebenso an mehrere Stellen in der Küche. Der Hausherr hält in einer Hand einen breiten Kochlöffel und in der anderen eine brennende Kerze und eine Federwisch. Die Frau führt ihn an alle Stellen, an die sie das Brot gelegt hat, er fegt es auf den Kochlöffel und leuchtet mit der Kerze in alle Ecken, um sich zu überzeugen, daß nirgends ein Stückchen Chamez herumliegt. Am Beginn dieser Handlung sagt er einen Segensspruch und an ihrem Ende den zweiten, und in ihrem Verlauf darf er nicht reden, um sie nicht zu entweihen. Davon machen die Kinder bei ihren Scherzen Gebrauch. Auch sie haben an verschiedenen Stellen Chamez versteckt und nun nötigen sie den Vater, ihnen auf den Dachboden, in den Keller und in den Stall zu folgen. Der Vater muß ihnen stillschweigend nachgehen und immer, wenn er etwas findet, äußern sie ihre Freude durch lautes Gelächter.

Am Vortag des Pessachfestes verkündet der Schammes schon am frühen Morgen laut auf der Straße, daß es Zeit ist, das Chamez zu verbrennen. Aus allen Häusern kommen die Hausfrauen oder Köchinnen, bringen Beutel mit dem Kochlöffel, dem Federwisch, der Kerze und den eingesammelten Brotstückchen und übergeben sie dem Schammes und dazu noch einige Eier.

Nachdem der Schammes das Chamez auf der ganzen Straße eingesammelt hat, geht er nach Hause. Dort erwarten ihn schon viele Jungen und nehmen ihm seine Last ab. Sie gehen mit ihm aus der Stadt hinaus, zünden an einer entlegenen Stelle ein Feuer an und verbrennen darin alles, Kochlöffel, Federwische, Kerzen und Brotreste. Dabei spricht der Schammes die vorgeschriebenen Gebete. – Um zehn Uhr vormittag geht der Schammes nochmals durch die Straße und verkündet, daß aller Sauerteig verbrannt wurde und daß man von jetzt an bis zum Ende des Festes nichts Gesäuertes essen darf. In diesem Augenblick zieht schon festlicher Glanz in die jüdischen Häuser und die Judengasse ein.

Nach LEOPOLD KOMPERT: *Aus dem Ghetto*

Die Mühle, in der das Mehl für Pessach gemahlen wurde, mußte vom Dachstuhl bis auf die Grundmauern, auch in den verborgensten Winkeln ausgefegt werden, und kein Stäubchen des früheren Mahlguts durfte zurückbleiben. Und erst die Müllerburschen, wieviel Sorgen bereiteten sie doch dem Pächter des Pessachmehls! Er mußte fortwährend hinter ihnen hersein und sie ermahnen: „Liebe Leute, seid vorsichtig, eßt hier kein Brot!" Auch auf die Finger mußte er ihnen sehen, damit kein Mehl verlorenging. Warum sollte auch der reiche Müller aus dem jüdischen Pessachmehl Nutzen ziehen? Warum sollte er es verkaufen oder sein Geflügel damit füttern?

Endlich war das Mahlen beendet, das Mehl wurde in neue Säcke eingefüllt, in die Stadt gebracht und in einen vollkommen leeren Raum mit frisch getünchten Wänden und einem blank gescheuerten Fußboden eingelagert. Dann verkündete der Schammes in der Synagoge und auf der Straße, wo das Mehl zu haben sei.

Darauf eilte jedermann, um seinen Bedarf an Pessachmehl so bald wie möglich zu decken. Vor dem Kauf stellten die Eheleute zu Hause ernsthafte Überlegungen an. Die Kinder waren gewachsen, so daß sich auch ihr Magen vergrößert hatte. Ein andermal erwartete man Gäste zu den Feiertagen und wußte nicht, wie viele ihrer kommen würden. Die Mutter hätte natürlich gern gespart und möglichst wenig gekauft, denn jedes Pfund kostete viel Geld. Aber der Vater wollte, daß sich die Kinder an den Feiertagen sattäßen. Nach langem Hin und Her einigte man sich endlich auf eine Ziffer, die allen zusagte...

Wie sah es in einer solchen Pessach-Backstube eigentlich aus? Den Eintretenden begrüßten Geschrei und Lärm, denn es waren viele Menschen zugegen, die sich mit der Zubereitung der ungesäuerten Brote beschäftigten. Sie standen an langen, mit blank geputztem Kupferblech beschlagenen Tischen. Alle Hände bewegten sich wie im Takt. Einer hatte ein Stück Teig vor sich und rollte es mit dem Wälgerholz flink zu einer runden, flachen Platte aus. Er schob sie einem anderen zu, der sie an vielen Stellen mit scharfen Stäbchen durchstach, damit die Feuerglut von allen Seiten in den Teig eindringen konnte und die Gärung verhinderte. Die durchstochene Teigplatte gaben sie einem Jungen auf einen Stab, und der lief damit zum Backofen, in den sie der gewandte Bäcker unverzüglich schob.

Die ganze Arbeit lastete vor allem auf drei Personen. Die erste wog, die zweite knetete und die dritte schob den Teig ein. Diese drei waren bewunderungswürdig und bedauernswert zugleich. Ihre Arbeit war am anstrengendsten.

Der erste wog das Mehl und teilte es dem Kneter zu, der in einem Kupferkessel den Teig bereitete und ihn rasch knetete. Deshalb mußte er sehr gewandt sein, denn wenn er nicht flink genug arbeitete, hätte der Teig zu gären begonnen und wäre aufgegangen. Deshalb wurde er von vielen mißtrauischen Blicken verfolgt. Der Einschießer war natürlich der Bäcker selbst. Er legte den gut durchgekneteten und mit scharfen Stäbchen durchstochenen Teig auf einen Schieber und schob ihn geschickt in den Backofen. In wenigen Minuten war er gebacken. Die Hausfrau, die gerade buk, legte die fertigen Brote auf einen Tisch, auf dem ein weißes Tischtuch lag. Diese Arbeit wurde auch gern von Kindern verrichtet, den eigenen oder fremden. Für ihre Arbeit bekamen sie am Abend kleine, aus ungesäuertem Teig gebackene Fische. Freudig trugen sie sie nach Hause und prahlten mit ihnen vor ihren Kameraden.

Durch dieses Gedränge schritt noch eine Gestalt. Es war der Rabbiner oder sein Stellvertreter, der darüber wachte, daß die religiösen Vorschriften der Reinheit und Ordnung eingehalten wurden. Er überwachte den Kneter, den Bäcker und alle beschäftigten Personen, damit nichts geschah, was den Vorschriften zuwiderlief. Es wurden ihm auch religiöse Bedenken vorgetragen, die er sofort zerstreuen sollte, beispielsweise, wenn eine Mazza nicht ordentlich durchstochen war, so daß sie sich aufblähte, als sie in den Backofen geschoben wurde. Die fromme Hausfrau wußte sich keinen Rat. Sie legte deshalb die Mazza dem anwesenden Aufseher zur Begutachtung vor. Der entschied, ob sie für den Feiertag geeignet sei oder nicht. War dies nicht der Fall, wurde sie zur willkommenen Beute der Kinder, die sich auf sie stürzten wie hungrige Wölfe auf eine fette Beute.

Die größte Sorgfalt wurde den sogenannten „Mizwe-Mazzot" gewidmet, die für die beiden Sederabende bestimmt waren, an denen die ganze Familie des Auszuges der Vorfahren aus Ägypten gedenkt. Sie waren etwas größer als die gewöhnlichen Mazzot und auch schöner. Nachdem die Arbeit beendet war, erhielten die Angestellten ihre Entlohnung. Sie waren aber nicht zufrieden, wenn sie zum ausbedungenen Lohn nicht auch noch ein ordentliches Trinkgeld bekamen.

Es muß noch die Hochachtung erwähnt werden, mit der man beim Backen der Mazzot dem Rabbiner begegnete, für den sie erst am letzten Tag gebacken wurden. Gab es eine Talmudschule im Ort, buken ihre Schüler selbst die Mazzot für den Rabbiner. Dem erwuchsen daraus drei Vorteile: er bekam ganz frische Mazzot, sie waren makellos und vollkommen rein. Wegen dieser Vorteile, von anderen gar nicht zu reden, wünschte sich so mancher Jude, sein Sohn möge Rabbiner werden.

Nach LEOPOLD KOMPERT: *Aus dem Ghetto*

CHAROSSET

für 4 Personen

Aschkenasisches Charosset:

3 Äpfel, geschält und
   gerieben
1 Tasse Mandeln, gebrüht,
   abgezogen und gerieben
1 Tasse Rosinen, klein
   geschnitten
1–2 Teelöffel Zimt
1 Löffel süßer Rotwein für
   Pessach

Fein geriebene Äpfel mit
Mandeln, Rosinen und
Zimt vermischen, zuletzt
Wein zufügen.

Sephardisches Charosset:

2 Tassen Datteln, entkernt
2 Tassen Wasser
2 Tassen Rosinen
$^1/_2$ Tasse Mandeln oder
   Nüsse, gebrüht,

abgezogen und
   gerieben
1 Teelöffel Zimt
2–4 Löffel süßer Rotwein
   für Pessach

Entkernte Datteln und
Rosinen 1 Stunde in
Wasser einweichen. Dann
langsam 30–60 Minuten
in Wasser kochen,

zerdrücken oder im Mixer
zerkleinern, auskühlen
lassen und Mandeln oder
Nüsse, Zimt und Wein
zufügen.
Charosset kann auch mit
Orangen, Feigen, getrock-
neten Aprikosen oder
Bananen zubereitet und
mit Mazzemehl eingedickt
werden.

FLEISCHI-
DIGER
BORSCHTSCH

für 10 Personen

3 l Wasser
3 kg vorderes Rindfleisch
6 mittelgroße rote Beten,
   geraspelt
2 feingehackte Zwiebeln
2 verquirlte Eier

2 geriebene
   Knoblauchzehen
1 Löffel Salz
3 Teelöffel Zucker
5 Teelöffel Zitronensaft

Fleisch in einen großen
Topf geben, mit Wasser
übergießen und zum
Sieden bringen. Eine Weile
kochen und den Schaum
abschöpfen. Geraspelte
rote Bete, Zwiebeln,
Knoblauch und Salz
zugeben und zugedeckt
etwa 2 Stunden kochen, bis
das Fleisch gar ist. Zucker
und Zitronensaft zufügen
und noch 15 Minuten
kochen lassen. Zuletzt
vorsichtig die vorher mit
2 Tassen lauwarmem
Borschtsch verquirlten Eier
hineingießen. Die Suppe
mit Fleischstückchen
servieren.

MAZZE-KNÖDEL

für 4 Personen

2 Eigelb
2 Eiweiß
1 Löffel Hühnerschmalz
1 Tasse Mazzemehl
1 Teelöffel Salz
1 Teelöffel Ingwer
$1/2$ Tasse Hühnerbrühe

Mehl, Salz und Ingwer in einer Schüssel vermengen. Mit lauwarmem Hühnerschmalz verquirltes Eigelb und heiße Brühe zufügen. Alles gut verrühren. Steifen, trockenen Eischnee unterheben, für 1 Stunde kalt stellen. Mit nassen Händen runde, nußgroße Klößchen formen und 25 Minuten in $1/2$ l Salzwasser zugedeckt kochen. Als Einlage in Hühner- oder Rinderbrühe servieren. Man kann sie auch als Beilage reichen.

MANDEL-KNÖDEL

für 4 Personen

1 Tasse Mandeln, gebrüht,
   abgezogen und gerieben
2 Eigelb
2 Eiweiß
$1/2$ Teelöffel Salz
Öl zum Braten

Eigelb verquirlen. Mandeln zugeben, salzen und steifen Eischnee unterheben. Mit einem Teelöffel kleine Knödel abstechen und in erhitztem Fett braun braten. Zu Rindfleisch oder in Hühnersuppe reichen.

ÜBER-BACKENE MAZZOT MIT SPINAT UND FLEISCH

für 4 Personen

3 Mazzot
4 Löffel Öl
1 Ei

Fülle:

500 g tiefgekühlter Spinat
1 mittelgroße Zwiebel, fein
geschnitten

2 Löffel Öl
1 Teelöffel Salz
1 Tasse Kartoffeln,
gekocht und zerdrückt
300 g gehacktes
Rindfleisch
2 Eier

Zwiebeln in 2 Löffeln Öl
glasig werden lassen.
Rindfleisch zugeben,
salzen und braun braten.

Fleisch mit aufgetautem
Spinat, zerdrückten
Kartoffeln und zwei gut
verquirlten Eiern vermen-
gen. Alles gründlich
verrühren.
Die Mazzot in kaltem
Wasser etwa 2 Minuten
lang einweichen. Wenn sie
weich sind, vorsichtig
herausnehmen und auf
einer Papierserviette

abtrocknen. In eine mit
2 Löffeln Öl gefettete
Pfanne zwei Mazzot
aufeinanderlegen und mit
der Fülle bestreichen. Die
dritte Mazza darüber-
decken und mit einem
verquirlten Ei und den
restlichen 2 Löffeln Öl
übergießen und über-
backen.

MACHMURAS (ÜBERBACKENER KÄSE MIT MAZZOT)

für 4–5 Personen

250 g geriebener Hartkäse
250 g geriebener weißer
  gesalzener Käse
6 Mazzot
2 Löffel Olivenöl

Mazzot mit heißem Wasser übergießen, nach 5 Minuten abgießen. Sie müssen weich sein. In eine gefettete Form abwechselnd eine Schicht Mazzot und eine Schicht Käsegemisch füllen. Jede Schicht mit Olivenöl beträufeln. Mit einer Mazza überdecken. 15–20 Minuten bei 180°C backen.

GRIEBENES MAZZAKUGEL (MAZZA-PUDDING MIT GRIEBEN)

für 4 Personen

5 Mazzot
2 Löffel Pflanzenfett oder
  Geflügelschmalz
3 verquirlte Eier
2 Löffel Grieben
1 Teelöffel Salz
¼ Teelöffel Pfeffer
2 Teelöffel Zucker

Mazzot in kaltem Wasser
einweichen, etwas aus-
drücken und mit dem Fett
vermischen. Eier, Grieben,
Salz, Pfeffer und Zucker
zugeben. In einer gut
gefetteten Form etwa
45 Minuten bei 180˚C
backen. Warm als Beilage
zu Fleisch reichen.

Grieben:

2 Tassen Fett und Rückenhaut
  von einer Henne, Ente oder
  Gans
1 Zwiebel, in Ringe
  geschnitten

Fett und Haut in kleine
Stücke schneiden und auf
mäßiger Flamme auslassen.
Noch bevor das Fett
ausgeschmolzen ist,
Zwiebeln zugeben und
weiter erhitzen, bis das Fett
zerlassen und die Zwiebeln
und Grieben braun sind.
Dann Zwiebeln entfernen,
Grieben ausdrücken, Fett
abgießen und kalt stellen.

LITWAK MAZZAKUGEL

◄

für 6–8 Personen

9 Eier
$^1\!/_2$ Teelöffel Salz
2 Löffel Hühnerschmalz oder
   Margarine
3 Tassen Mazzemehl
2 Tassen Wasser
2 Tassen Rind- oder
   Hühnerfleisch, gekocht
   und durch den Fleischwolf
   gedreht
2 Löffel Hühnergrieben oder
   1 Zwiebel, fein gehackt
1 Teelöffel Ingwer
$^1\!/_2$ Teelöffel Pfeffer

Die schaumig geschlagenen
Eier mit Salz und Hühner-
schmalz vermengen. Abwechselnd Mazzemehl und Wasser
zugeben, damit ein pasta-artiger
Teig entsteht. Für mindestens
1 Stunde kalt stellen. Inzwischen Fleisch mit Zwiebeln
oder Grieben vermengen, mit
Pfeffer und Ingwer würzen. In
eine gefettete Pfanne eine
Schicht Teig füllen und mit
der Hälfte des Fleisches
belegen. Den Vorgang wiederholen. Die letzte Schicht ist
Teig. Etwa 1 Stunde in der
vorgeheizten Röhre bei 180°C
backen. Den in Stücke ge-
schnittenen Kugel als Einlage
für Rindfleisch- oder Hühnersuppe verwenden.

MAZZAKUGEL MIT RAUCH-FLEISCH

für 5–7 Personen

600 g geräuchertes
   Rindfleisch
6 Eigelb
$^1\!/_2$ Tasse Brühe
1 Tasse Mazzemehl

$^1\!/_2$ Teelöffel Salz
$^1\!/_2$ Teelöffel Pfeffer
feingehackter
   Schnittlauch oder
   gewiegte Petersilie
6 Eiweiß

Das durch den Fleischwolf
gedrehte Fleisch mit dem
verquirlten Eigelb vermengen, Brühe, Mazzemehl,
Salz, Pfeffer, Petersilie oder
Schnittlauch zugeben und

gut verühren. Zuletzt
trockenen, steifen
Eischnee unterheben. In
eine gefettete Form füllen
und etwa 45 Minuten bei
180°C backen.

GEDÜNSTETES HUHN MIT PFLAUMEN

für 4 Personen

Huhn (1,5 kg)
2 Löffel Öl
1 mittelgroße Zwiebel, fein
  gehackt
1 Tasse Wasser
3 Teelöffel Zimt
1 Teelöffel Ingwer
$^{1}/_{2}$ Teelöffel Pfeffer
1 Teelöffel Salz
2 Tassen Backpflaumen,
  entkernt und über Nacht
  eingeweicht
1 Löffel brauner Zucker
  oder Honig
$^{1}/_{2}$ Tasse Mandeln

Zwiebel in Öl leicht anrösten, an den Rand schieben und das in Portionen geschnittene Huhn von allen Seiten leicht anbraten. Wasser mit Zimt, Ingwer, Pfeffer und Salz vermengen, das Huhn damit übergießen, zum Sieden bringen und zugedeckt auf mäßiger Flamme etwa 30 Minuten dünsten. Von Zeit zu Zeit umrühren. Die Backpflaumen mit dem Saft um das Huhn herumlegen, Zucker oder Honig zufügen und zugedeckt noch etwa 20 Minuten dünsten, bis das Huhn gar ist. Während des Dünstens nach Bedarf Wasser zugießen. Mandeln auf einem Blech in der Röhre oder in einer Pfanne auf Öl leicht anrösten, trocknen und zur Soße zugeben. Das Huhn auf einer Schüssel anrichten und mit Soße übergießen.

KUGELN AUS MAZZOT UND QUARK

für 3 Personen

¹/₂ Tasse Mazzemehl oder
   gemahlene Mazzot
1 Tasse Quark
1 verquirltes Ei
¹/₈ Teelöffel Pfeffer
¹/₂ Teelöffel Salz
Mazzemehl zum Panieren
Öl zum Backen
saure Sahne

Quark mit Mazzemehl oder
gemahlenen Mazzot und Ei
vermengen, salzen,
pfeffern und nußgroße
Kugeln formen. In Mazze-
mehl wenden und in Öl
goldgelb backen. Mit
Sahne reichen.

EIERMAZZES

für 2 Personen

2 Teelöffel geriebene
    Zwiebeln
3 Mazzot
3 Eier
$^1/_2$ Teelöffel Salz
Butter oder anderes Fett zum
    Backen

Die Mazzot für kurze Zeit in
kaltem Wasser ein-
weichen, ausdrücken und
mit Zwiebeln, verquirlten
Eiern und Salz vermengen.
Nach etwa 15 Minuten die
Masse auf beiden Seiten in
Fett goldgelb backen.

KARTOFFEL-KUGEL

für 4 Personen

6 mittelgroße Kartoffeln, roh
    gerieben
1 geriebene Zwiebel
$^1/_2$ Tasse Mazzemehl
7 Löffel Öl
2 Eier

$^3/_4$ Löffel Salz

Die geriebenen Kartoffeln
mit Zwiebeln vermengen,
Mazzemehl, verquirlte
Eier, Öl und Salz zugeben
und verrühren. Die Form

zum Backen des Kugels in
der mäßig erhitzten Röhre
erwärmen. Den Teig in die
heiße Form gießen und bei
180°C backen, bis der
Kugel braun und knusprig
ist (etwa 45 Minuten).

MAZZE-PLÄTZEL

für 4 Personen

3 Eier
1 Tasse Milch oder Wasser
1 Tasse Mazzemehl
$^1\!/_2$ Teelöffel Salz
1 Teelöffel Zucker
Öl zum Backen

Zucker und Zimt zum
  Bestreuen

Verquirlte Eier in einer
Schüssel mit Milch oder
Wasser und Mazzemehl
vermengen und gut

verühren. Salz und Zucker
zufügen. Die Masse löffelweise in erhitztes Öl geben
und auf beiden Seiten
backen. Noch heiß in Zimt
mit Zucker wenden.

PESSACH-BLINZES

etwa 20 Blinzes
Teig:

6 Eier
1 Tasse Kartoffelmehl
2 Tassen Wasser
Öl zum Backen und
  Bestreichen

Eier schaumig schlagen.
Kartoffelmehl und Wasser

zufügen. Noch fünf Minu-
ten rühren, bis der Teig
sehr hell und schaumig ist.
In einer Pfanne etwas Öl
erhitzen und mit dem
Schöpflöffel eine sehr
dünne Teigschicht so
darübergießen, daß sie sich
über die ganze Pfanne
ausbreitet. Nur auf einer
Seite goldgelb backen. Die

gebackenen Blinzes
aufeinanderschichten. In
die Mitte jeder Blinze
einen gehäuften Löffel
Fülle geben, zusam-
menrollen. Die fertigen
Blinzes in eine gefettete
Pfanne legen, leicht mit Öl
bestreichen und etwa 20
Minuten in der Röhre bei
180˚C goldgelb backen.

Blinzes mit süßer Fülle
können mit Sahne gereicht
werden, zu Blinzes mit
gesalzener Fülle paßt
Kopfsalat.

Füllen: ▶

Süße Füllen:

Quarkfülle:

2 Tassen Quark
$^1/_2$ Tasse Milch
1 Eigelb
2 Löffel Zucker
$^1/_2$ Tasse Rosinen
$^1/_2$ Teelöffel Vanilleextrakt

Quark mit Zucker und Eigelb
schaumig rühren, mit
Vanilleextrakt abschmecken
und Milch zufügen. Zuletzt
Rosinen daruntermischen.

Apfelfülle:

1 kg Äpfel, geschält und
    gewürfelt
$^1/_4$ Tasse Zucker
1 Teelöffel Zimt
$^1/_4$ Tasse gehackte Nüsse
$^1/_2$ Tasse Rosinen
1 Teelöffel Zitronensaft

Alles gut verrühren.

Gesalzene Füllen:

Pilzfülle:

500 g Pilze
1 Löffel Butter
$^1/_2$ Teelöffel Salz
$^1/_4$ Teelöffel Pfeffer
2 Eier

Geputzte, gewaschene Pilze
in Stücke schneiden, salzen,
pfeffern und in Butter
dünsten, bis sie weich sind.
Wenn die Flüssigkeit einge-
dampft ist, zwei Eier
einrühren und noch kurze
Zeit dünsten, bis die Eier
gestockt sind.

Spinatfülle:

250 g tiefgekühlter Spinat
1 feingehackte Zwiebel
1 Löffel Butter oder
    Margarine
1 Teelöffel Mazzemehl
$^1/_4$ Tasse Milch
$^1/_2$ Teelöffel Salz
$^1/_4$ Teelöffel Pfeffer
1 Prise Muskat
1 Ei

Zwiebeln in Butter oder
Margarine leicht anrösten
und mit Mazzemehl
bestäuben. Aufgetauten
Spinat zugeben, salzen und
würzen. Etwa
10 Minuten kochen, Milch
zufügen und zuletzt das Ei
einrühren. Noch kurze Zeit
kochen lassen. Statt Milch
kann man 2 geriebene
Knoblauchzehen zugeben.

MAZZEKRIMSEL

15–20 Stück

3 Mazzot
2 Eigelb
$^1/_4$ Teelöffel Salz
2 Eiweiß
1 Tasse Rosinen, klein
   gehackt
1 Löffel Zitronensaft
$^1/_4$ Löffel Zimt
1 Löffel Mandeln, gebrüht,
   abgezogen und gerieben
3 Löffel Zucker
Öl zum Backen
Puderzucker

Mazzot in kaltes Wasser legen. Wenn sie weich sind, gut ausdrücken und mit dem verquirlten Eigelb in eine Schüssel geben. Zimt, Zucker, Mandeln, Rosinen und Zitronensaft zugeben und eine Zeitlang rühren. Zuletzt steifen, trockenen Eischnee unterheben. Die Masse löffelweise in erhitztem Öl auf beiden Seiten backen. Die fertigen Krimsel können in Puderzucker gewendet werden. Mit gekochten Backpflaumen und Orangen servieren.

MANDEL-GEBÄCK

etwa 30 Stück

1 Tasse geriebene Mandeln
2 Tassen Puderzucker
1 Löffel Zimt
3 Eiweiß
1 Löffel feines Mazzemehl

In einer Schüssel Mandeln, Zucker und Zimt vermengen, Mazzemehl zufügen, zuletzt steifen Eischnee unterheben.

Wenn die Masse zu dünnflüssig ist, noch Mazzemehl zugeben. Mit den nassen Händen Kugeln von etwa 2 cm

Durchmesser formen und nicht zu eng auf ein gefettetes Backblech legen. Etwa 25 Minuten bei 120°C backen.

ZIMMES

für 6–8 Personen

3 Tassen gedörrte Pflaumen
2 Tassen gedörrte Aprikosen
1 Tasse gedörrte Äpfel
2 Tassen gedörrte Birnen
$^1/_2$ Teelöffel Zimt

1 Teelöffel Zucker

Gedörrtes Obst in heißem
Wasser waschen, größere
Birnen zerkleinern, in eine
Kasserolle geben, mit

heißem Wasser übergießen
und kochen, bis das Obst
weich ist. Zimt und Zucker
zufügen. Auskühlen lassen
und servieren.

PESSACH-DIGER LEKACH (PESSACH-BISKUIT)

◄

für 6–8 Personen

6 Eigelb
1 Tasse Zucker
Saft von 1 Zitrone
1 Tasse gesiebtes Mazzemehl

4 Löffel Kartoffelmehl
$^1/_4$ Teelöffel Salz
6 Eiweiß

Eigelb mit Zucker rühren,
bis die Masse weißlich ist.
Zitronensaft, Salz und mit
Kartoffelmehl vermengtes
Mazzemehl zugeben.
Zuletzt steifen, trockenen
Eischnee unterheben. In

einer nicht gefetteten Form
etwa 45 Minuten bei
160°C backen. Mit Glasur
bestreichen und mit Obst
garnieren. Am folgenden
Tag eventuell noch mit
Schlagsahne verzieren.

Glasur:

2 Tassen Puderzucker
1 Tasse Wasser

Saft von 1 Zitrone
$^1/_2$ Teelöffel Vanilleextrakt
2 Eiweiß

Puderzucker mit Wasser
5 Minuten kochen, Zitro-
nensaft und Vanilleextrakt
zugeben, etwas auskühlen
lassen und unter ständi-
gem Rühren langsam zum
steifen Schnee geben.

MAZZA-MANDEL-TORTE

▶

für 8 Personen

8 Eigelb
1¹/₂ Tassen Zucker
¹/₄ Tasse Mazzemehl
¹/₂ Löffel Zitronensaft
¹/₄ Teelöffel Salz
1 Löffel kaltes Wasser
¹/₂ Tasse geriebene Nüsse
¹/₂ Tasse Mandeln,
    gebrüht, abgezogen und
    gerieben
8 Eiweiß

Eigelb schaumig schlagen, langsam Zucker zugeben. Wenn das Eigelb weißlich wird, gesiebtes Mazzemehl, Zitronensaft, Salz und Wasser zufügen. Nüsse und Mandeln und zuletzt Schnee aus dem Eiweiß unterheben. Die Torte in einer gefetteten und mit

Mazzemehl ausgestreuten Form etwa 45 Minuten in der vorgeheizten Röhre bei 180°C backen.

Glasur:

1 Eigelb
¹/₂ Tasse Zitronensaft
¹/₂ Tasse Zucker
1 Löffel Margarine

Eigelb, Zucker und Zitronensaft unter ständigem Rühren kochen. Wenn die Masse dicklich wird, Margarine zugeben. Mit der Glasur die etwas abgekühlte Torte noch in der Form bestreichen. Erst herausnehmen, wenn die Glasur trocken ist.

MAZZA-KUGEL MIT WEIN

für 4 Personen

4 Mazzot
1¹/₂ Tassen Wein
1 Tasse Rosinen
1 Tasse Walnüsse, fein gehackt
1 Tasse Zucker
2 Teelöffel Zimt
3 Eiweiß
Margarine für die Form

Die Mazzot in der Hälfte des Weines aufweichen, nach Bedarf etwas Wasser zugeben. Rosinen, Nüsse, Zucker und Zimt mischen, das Eiweiß unterheben. In eine gut gefettete Form abwechselnd Mazzot und

Rosinen-Nuß-Mischung schichten. Die oberste Schicht sollte eine Mazza sein. 35 Minuten bei 180°C backen. Mit dem restlichen Wein übergießen und weitere 5 Minuten backen.

SCHAWUOT

Toramäntelchen

חג השבועות „Sieben Wochen sollst du zählen und damit anfangen, wenn man zuerst die Sichel an die Halme legt, und sollst das Wochenfest halten dem Herrn, deinem Gott, und eine freiwillige Gabe deiner Hand geben je nach dem, wie dich der Herr, dein Gott, gesegnet hat" (Dtn. 16, 9–10). Mit diesen Worten gebietet die Tora dem Volk Israel, das Wochenfest, Schawuot, zu feiern.

Sieben Wochen sind vom Tag vergangen, an dem die ersten Gerstengarben auf dem Altar des Herrn geopfert wurden, die Zeit der Weizenernte ist gekommen. Am sechsten Tag des Monats Siwan wird das Erntefest, Chag ha-Kazir, gefeiert.

Vom frühen Morgen strömen unzählige Pilger in die heilige Stadt, um frisch gebackene Brote aus den Erstlingen der Weizenernte und Bikurim, die erlesensten Früchte aus der neuen Obsternte, im Tempel darzubringen. Wie eine lange bunte Schlange windet sich der festliche Zug zu den Toren Jerusalems. Datteln, Feigen, Orangen und Oliven sind in reichgeschmückten Körben aufgetürmt, auf goldenen Tabletts werden knusprige Weizenbrote getragen.

Die Bewohner Jerusalems gehen den Pilgern entgegen, um sie in der Stadt zu begrüßen und zum Tempel zu begleiten. Alle tanzen und singen, überall tönt Musik und das fröhliche Geklingel von Schellen und Glöckchen...

Heute besteht Schawuot in Israel aus einer Reihe großartiger Erntefeste, deren bekanntestes in Haifa gefeiert wird. Scharen von weißgekleideten Kindern mit Kränzen und grünen Zweigen in den Händen ziehen durch die Stadt. Auf den Häusern wehen bunte Fahnen und farbige Bänder. Die Landwirte aus den Kibbuzim tragen in einem festlichen Umzug Körbe mit Bergen von Obst und Gemüse in einer Auswahl, die sich ihre biblischen Vorfahren nicht hätten träumen lassen.

Der talmudischen Tradition zufolge ist der 6. Siwan der Tag der Gottesoffenbarung am Berg Sinai. Im Monat Nissan wurden die Israeliten aus Ägypten herausgeführt, und 49 Tage später empfing Moses die Zehn Gebote Gottes. Die 49 Omertage zwischen Pessach und Schawuot stellen so eine Verbindung zwischen den beiden wichtigsten Marksteinen der jüdischen Geschichte her, der Befreiung aus der ägyptischen Knechtschaft und dem geistigen Höhepunkt, den sie durch die Toragebung erhielt. Fünfzig Tage vergehen, bevor sich aus der Apfelblüte eine Frucht entwickelt, fünfzig Tage wartete das Volk Israel in der Wüste, bevor es die Tora aus der Hand des Herrn empfing, heißt es im talmudischen Traktat Psika Sutrata. Schawuot ist also auch die Zeit, in der uns die Tora gegeben wurde – Sman Matan Toratenu.

Alle Festbräuche stehen in symbolischer Beziehung zu den Geschehnissen, die mit der Toragebung auf dem Berg Sinai verbunden sind. In der ersten Festnacht wachen die frommen Juden, um sich nach dem Vorbild ihrer Vorfahren in der Wüste zu reinigen und ihre Seelen zu läutern. Sie lesen ausgewählte Abschnitte aus der Tora und den talmudischen und kabbalistischen Schriften, die in der Sammlung Tikun Lejl Schawuot (Regeln für die Schawuotnacht) zusammengefaßt sind. An beiden Tagen des Festes wird während des Gottesdienstes aus dem 2. Buch Mose vorgelesen. Die Aschkenasim beginnen die Verlesung der Tora mit dem liturgischen Gedicht Akdanot. Jeder seiner 90 Verse endet mit der Silbe ta. Diese kompositorische Besonderheit ist jedoch nicht nur eine Spielerei mit Worten. Der letzte und der erste Buchstabe des hebräischen Alphabets symbolisieren das Ende und den Anfang der Tora. Es genügt nicht, die Tora einmal zu lesen. Sind wir beim letzten Buchstaben angelangt, müssen wir zum Anfang zurückkehren und sie von neuem lesen.

Torarolle

„Je mehr Tora, um so mehr Leben. Je mehr Lernen, um so mehr Weisheit", lautet ein Ausspruch der Weisen. Deshalb ist das Schawuotfest von jeher der religiösen Bildung geweiht. Die jüdischen Kinder erwartet eines der wichtigsten Ereignisse ihres Lebens – der erste Weg zur Schule, dem Cheder. Damit sie eine „süße Erinnerung" daran bewahren und damit beim Lesen der Toraverse „Honig und Milch unter ihrer Zunge sei" (Hoheslied 4, 11), bekommen sie bei dieser Gelegenheit besondere Honigkuchen, auf denen Toraverse stehen.

„Und ich bin herniedergefahren, daß ich sie errette aus der Ägypter Hand und sie herausführe aus diesem Lande in ein gutes und weites Land, in ein Land, darin Milch und Honig fließt..." (Ex. 3, 8). Auch bei der Zubereitung der Speisen, die zu Schawuot aufgetragen werden, fließt Milch und Honig. Da gibt es Blinzes, Palatschinken, Kreplach, Strudel, Piroggen und vieles mehr. Milchspeisen sind ein Symbol des Geschehens am Berg Sinai. Der numerische Wert des Wortes Chalaw, Milch, ist 40, und Moses mußte 40 Tage am Berg Sinai warten, bevor er die Tora empfing.

Von den Süßspeisen sind vor allem Kuchen in der Form der Gesetzestafeln mit den Zehn Geboten beliebt. Andernorts gibt es kegelförmige Kuchen, die an den Berg Sinai erinnern sollen. Die sephardischen Juden sind stolz auf ihre „sieben Himmel", große, runde Kuchen aus sieben Schichten, ein Symbol für die sieben Himmel, durch die der Herr zum Berg Sinai hinabstieg, und ebenso für die sieben Omerwochen. Auf der Festtafel darf auch Fleisch nicht fehlen. An beiden Tagen werden zwei Hauptmahlzeiten

Toraschild.
Böhmen (Prag),
Ende des 18. Jahrhunderts

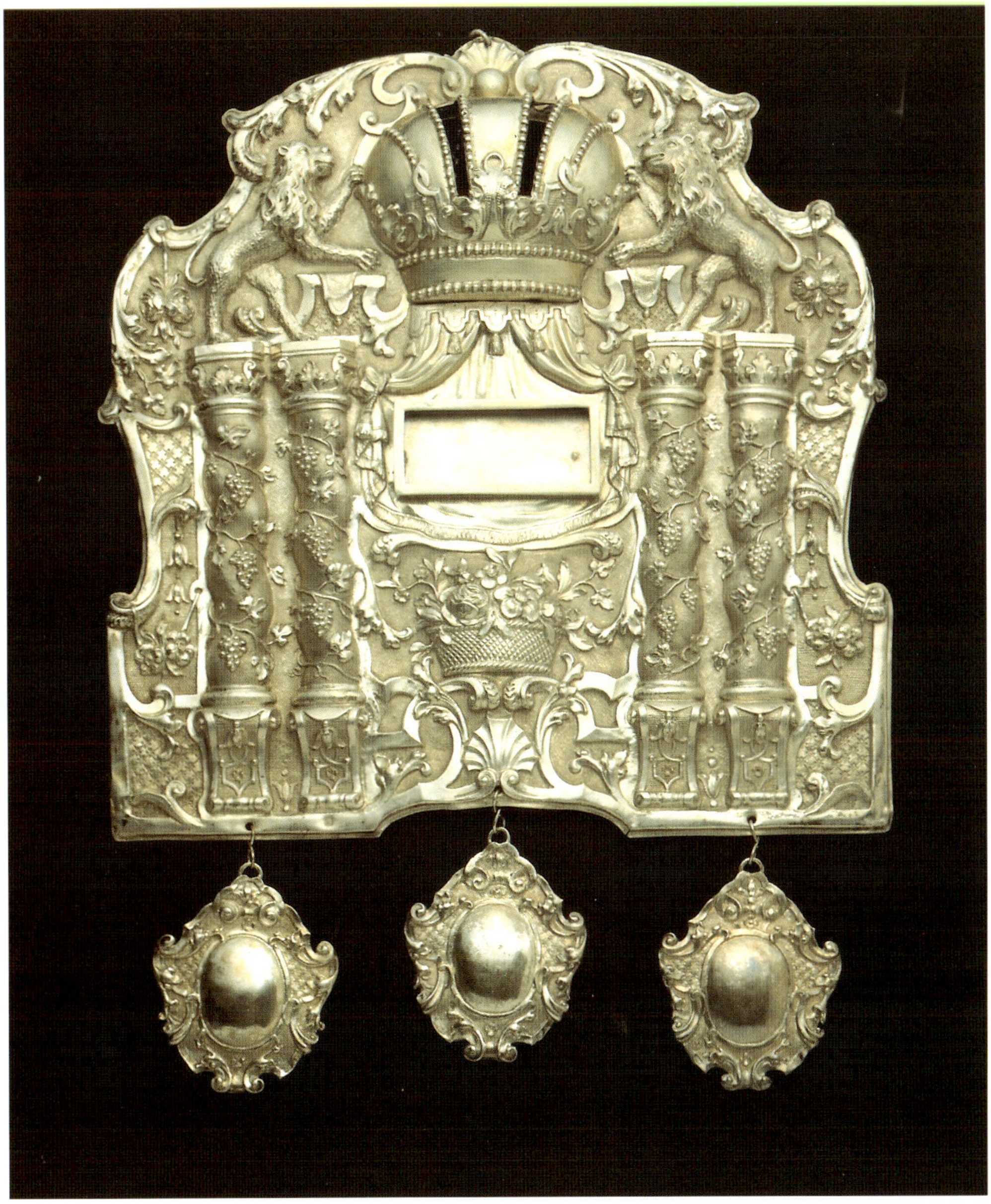

eingenommen, von denen die erste aus Milchgerichten und die zweite aus Fleischgerichten besteht. Schawuot ist eigentlich eine Verlängerung von Pessach, und die beiden Mahlzeiten sollen an die Hauptspeisen dieses Festes erinnern, das Pessachlamm und das Friedensopfer. Die Vorschriften der Kaschrut verbieten es, zu Milch- und Fleischspeisen Brot von demselben Laib zu essen. Die beiden Brotlaibe symbolisieren die beiden aus den Erstlingen der Weizenernte gebackenen Brote, die dem Herrn einst geopfert wurden.

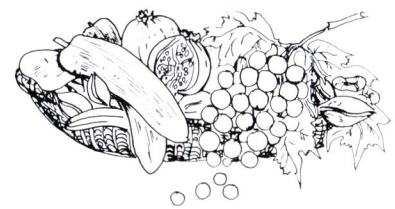

Torawickel, Detail.
Mähren, 18. Jahrhundert

Das Wesentlichste unserer religiösen Erziehung bestand in der Einhaltung von Speisevorschriften. Was man essen dürfe und nicht essen dürfe, wann Fleischiges zu essen erlaubt sei und wann Milchiges, wie viele Stunden vergehen müssen, bis man Milchiges nach Fleischigem essen dürfe... Es gab dreierlei Geschirr: das mit ehrfürchtigster Scheu aufgehobene, zu Ostern benützte „jomtewig" Geschirr. Es war uralt und vererbte sich von Geschlecht auf Geschlecht. Es waren Schüsseln, Teller, Bratpfannen, Kasserollen von verblichenen Farben und seltsamen, altehrwürdigen Formen. Das ganze Jahr hindurch sah sie kein menschliches Auge, sie lagen verborgen am Boden hinter dem Rauchfang. Einen Tag vor den Feiertagen wurden sie unter viel Zeremonien und nicht ohne Prahlerei vom Boden heruntergetragen, um nach den Festtagen wiederum im Dämmerlicht des Bodens zu verschwinden. Außerdem gab es das Wochentagsgeschirr, fleischiges und milchiges. Die milchigen Löffel hatten am Stiel weiße Bändlein, auf daß man sie nicht mit den Fleischigen verwechsle, die solches Schmuckes entbehrten.

Die Speisevorschriften wurden streng eingehalten, und uns Kindern pflegten die Eltern oft einzuschärfen, daß, wer von uns gegen irgendeine Vorschrift verstieße, bestimmt den nächsten Morgen nicht erleben würde.

VOJTĚCH RAKOUS: *Modche und Resi*

Schawuot – die Arbeit ruht und den Menschen und ihrer Umgebung ist anzusehen, daß ein Feiertag gekommen ist, ein hoher Feiertag. Das ganze Haus ist bis in seine verborgensten Winkel von Holunderduft durchdrungen, vom süßen Geruch der Holunderblüten. Zwei Tage vor dem Fest wurden Kuchen gebacken. Für die letzten beiden Werktage Fladen aus schwarzem Nachmehl, für die Feiertage Kuchen aus dem feinsten Auszugsmehl. Man buk immer nachts im Backofen, und alle Nachbarinnen waren dazu eingeladen.

Am Vorabend von Schawuot gingen wir Kinder in die Gärten der Nachbarn „Grünes" holen, nämlich Holunderzweige und -blüten, die sich gerade entfaltet hatten. An diesem Tag sah unsere Stube aus wie eine blühende Hecke. Jedes leere Plätzchen an den Wänden wurde mit grünen Holunderzweigen und -blüten bedeckt. Holunderblüten waren überall: über der Tür, über dem Spiegel, zwischen den Fenstern, sogar jedes der zahlreichen Lichtbilder an den Wänden war mit Holunderblüten geschmückt. Die verblichenen Photographien der alten Tanten in ihren altertümlichen Krinolinen und altmodischen Hauben nahmen sich im Schmuck des frischen Grüns seltsam aus. Der Duft der Holunderblüten durchzog das ganze Haus, und wir atmeten ihn zwei Tage und zwei Nächte lang ein.

Die beiden Festtage erschienen mir wie ein ununterbrochenes Märchen. Zum Morgenkaffee gab es statt der üblichen Brotschnitten Kuchen, soviel das Herz begehrte; dann ging man durch die sonnenbeschienene junge Saat in die Synagoge, und daheim wartete ein festliches Mittagessen.

VOJTĚCH RAKOUS: *Modche und Resi*

Schawuot – das Wochenfest, an dem die Synagoge und die Wohnung mit Blumen und grünen Zweigen geschmückt wurde, gehört zu den Feiertagen, von denen gesungen wird: „Und Mose verkündete den Kindern Israel die Feste des Herrn." Für mich war dieses Fest eher ein Geschenk Gottes als ein Gebot. Uns wurde die Pflicht auferlegt, zu beten und uns zu freuen. Meine Mutter schmückte die Bilder fast zu reichlich mit Blumen, denn wir hatten nur drei Wandspiegel, zwei vergrößerte Lichtbilder der Großväter, einen Misrach und gezeichnete Kalender, auf denen die Todestage von Mutters und Vaters Eltern vermerkt waren.

Am Wochenfest war der Toraschrein in der Synagoge so reich mit Blumen geschmückt, daß ich nicht umhin kann, auch etwas über den Strakonitzer Schammes, Herrn Popper zu sagen, dessen Verdienst dies war. Zwar besaßen vierzehn jüdische Familien Gärten, aber des oblag dem verantwortlichen Verwalter der Synagoge, dort die Blumen für das Bethaus zu pflücken. Unser Schammes und gleichzeitig auch Schächter, Herr Popper, war aufgrund seiner zahlreichen Funktionen das Rückgrat des Lebens der jüdischen Gemeinde.

R. EHRMANN: *Ve Strakonicích (In Strakonice)*

Torawickel, Detail.
Mähren, 18. Jahrhundert

GEFÜLLTE EIER

für 3 Personen

6 hartgekochte Eier
2 Löffel saure Gurken, fein
  gehackt
3 Löffel Frischrahmkäse
1 Löffel Senf
Salz, Pfeffer

Eier halbieren, Eigelb herausnehmen und mit Gurke,
Käse, Senf, Salz und Pfeffer zu
einer glatten Masse verrühren.
In die Eihälften füllen und für
kurze Zeit kalt stellen. Mit
Dillsoße servieren.

Dillsoße:

$^1/_2$ Tasse Mayonnaise
$^1/_2$ Löffel Zwiebel, fein
  gehackt
1 Löffel Dill, fein gehackt
Salz

Die Mayonnaise mit
Zwiebeln und Dill ver-
mischen und Salz zufügen.

BEJGEL (KRINGEL)

etwa 15–20 Stück

1 Löffel Margarine
1 Tasse heiße Milch
1 Teelöffel Trockenhefe
$^1/_2$ Löffel Zucker
1 Tasse lauwarmes Wasser
4 Tassen halbgriffiges Mehl
1 Teelöffel Salz
1 Eigelb, mit 1 Teelöffel
   Wasser verquirlt
Sesam, Mohn oder Kümmel
   zum Bestreuen

Hefe in lauwarmes Wasser mit Zucker geben und kurze Zeit an einer warmen Stelle stehen lassen. Margarine in heißer Milch auflösen, abkühlen lassen, bis die Milch lauwarm ist, und zur Hefe geben. Mehl mit Salz in eine Schüssel geben, eine Vertiefung in die Mitte drücken, die Flüssigkeit hineingießen und zu einem weichen Teig verarbeiten. Auf dem bemehlten Holzbrett gut durchkneten und in eine mit Fett ausgestrichene Schüssel geben. Zudecken und an einem warmen Ort stehen lassen, bis der Teig seinen Umfang verdoppelt hat (etwa 1 Stunde). Dann nochmals auf dem Brett kneten. Aus pflaumengroßen Teigstückchen etwa 15 cm lange Röllchen und daraus Kringel formen. Die Verbindungsstelle fest andrücken. Auf dem bemehlten Brett noch 10 Minuten gehen lassen, dann einen Bejgel nach dem anderen in siedendes Salzwasser werfen. Zudecken und warten, bis das Wasser wieder zu sieden beginnt. Mit einem Schaumlöffel wenden und nochmals zugedeckt kochen lassen. Die Kochzeit beträgt insgesamt 3–4 Minuten. Danach Bejgel vorsichtig herausnehmen und auf ein gefettetes Blech legen. Eigelb mit Wasser verquirlen und die Bejgel damit bestreichen. Mit Mohn, Sesam oder Kümmel bestreuen. Bei 180°C goldgelb backen.

Bejgel werden zu Schawuot traditionell mit Frischrahmkäse und geräuchertem Lachs gereicht.

ÜBER-
BACKENER
REIS

für 4–6 Personen

3 Tasse Möhren, fein
    geraspelt
2 Tassen gekochter Reis
2 verquirlte Eier
$^1/_2$ Tasse süße Sahne
1$^1/_2$ Teelöffel Salz
$^1/_2$ Teelöffel Pfeffer
3 Teelöffel Zwiebel, gerieben
2 Tassen scharfer Käse,
    gerieben

Möhren, Reis, Eier und Sahne vermengen, salzen, pfeffern, Zwiebel und $^1/_2$ Tasse geriebenen Käse zufügen. Die Masse gründlich verrühren, in eine gefettete Form füllen, mit dem restlichen Käse bestreuen und 50 Minuten bei 180°C backen.

RACHAL (ÜBER-BACKENER FISCH MIT KARTOFFELN)

für 3–4 Personen

2 mittelgroße Zwiebeln, in feine Scheiben geschnitten

8 mittelgroße Kartoffeln, roh in sehr feine Scheiben geschnitten

500 g gekochter Fisch (z.B. Karpfen, Hering, Dorsch)

1–2 Teelöffel Salz

$\frac{1}{2}$ Teelöffel Pfeffer

2 Eier

$1\frac{1}{2}$ Tassen süße Sahne

Butter

In eine mit Butter ausgestrichene Form abwechselnd Kartoffeln, Fisch und auf Butter geröstete Zwiebeln schichten. Die unterste und oberste Schicht bilden Kartoffeln. Jede Schicht salzen und pfeffern. Mit in Sahne verquirlten, gesalzenen Eiern übergießen und 45–55 Minuten bei 180°C backen.

MILCHIDIGER LOKSCHEN-KUGEL (NUDELKUGEL MIT QUARK UND ÄPFELN)

für 6–8 Personen

3 Eigelb
2 Tassen Quark
3 Löffel Zucker
$3/4$–1 Tasse Milch
3 Löffel zerlassene Margarine
   oder Butter
1 Tasse Rosinen
6 Pflaumen, klein geschnitten
5 Äpfel, geschält und
   gerieben
3 Eiweiß
400 g dünne Nudeln, gekocht
2 Löffel Zimt
6 Löffel Zucker

In einer großen Schüssel Eigelb mit Zucker rühren, nach und nach Quark, Milch, zerlassene, lauwarme Margarine oder Butter, Äpfel, Rosinen und Pflaumen zufügen. Alles gut vermengen. Gekochte, abgetropfte Nudeln zugeben und zum Schluß steifen Eischnee unterheben. In eine gefettete Form füllen, die Oberfläche ausgiebig mit dem Zucker- und Zimt-Gemisch bestreuen und mit zerlassener Butter beträufeln. 30–40 Minuten bei 150°C backen.

UGAT GWINA (QUARK-KUCHEN)

für 6 Personen

5 Eigelb
1 Tasse Zucker
2 Löffel Mehl
2^1/$_2$ Tassen Quark
^{3}/$_4$ Tasse saure Sahne
1 Teelöffel Vanilleextrakt
6 Löffel Rosinen
5 Eiweiß
Butter und Semmelbrösel für
   die Form

Eigelb mit Zucker rühren, bis die Masse weißlich wird. Mehl, Quark, Sahne, Vanille und Rosinen zufügen und weiterrühren. Zuletzt steifen Eischnee unterheben. Den Teig in eine gefettete, ausgebröselte Form gießen und bei 180°C backen. Den Kuchen etwa 15 Minuten in der ausgeschalteten Röhre auskühlen lassen.

SEUDAT MIZWA

In wörtlicher Übersetzung bedeutet Seudat Mizwa „Gastmahl des Gebotes". Ein solches Festessen findet bei allen wichtigen Familienereignissen statt: Beschneidung, Auslösung der Erstgeborenen, Bar Mizwa, Verlobung und Eheschließung, nach einem Begräbnis.

Geburt und Beschneidung

Ein jüdischer Junge wird kurz nach seiner Geburt in den heiligen Bund zwischen Gott und Israel aufgenommen. „Eure Vorhaut sollt ihr beschneiden. Das soll das Zeichen sein des Bundes zwischen mir und euch. Jedes Knäblein, wenn's acht Tage alt ist, sollt ihr beschneiden bei euren Nachkommen" (Gen. 17, 11–12). Die Beschneidung (Brit Mila) und die Heiligung des Sabbats sind die beiden wichtigsten Symbole des Bundes, den Gott mit seinem Volk geschlossen hat. Sie waren das erste, wogegen sich in Zeiten der Verfolgung die Angriffe der Feinde richteten. Die Nichtbeachtung dieser heiligen Gebote galten als äußeres Zeichen des Abfalls vom Glauben.

In manchen östlichen Gemeinden ist es üblich, am ersten Freitagabend nach der Geburt eines Sohnes eine häusliche Feier, Schalom Sachor, zu veranstalten. In freier Übersetzung bedeutet dies „Gegrüßt seist du,

◄

Schewa Berachot
(Sieben Segenssprüche).
Italien, 1470

Wiege. Böhmen,
Anfang des 19. Jahrhunderts

Beschneidungsstuhl.
Böhmen, um 1800

Junge, auf dieser Welt." Traditionell werden bei dieser Gelegenheit Kichererbsen
gegessen, eine Speise, die längere Zubereitung erfordert und schon am Vortag gekocht
werden muß. Als nächster Gang werden gewöhnlich eine Süßspeise und Obstbowle gereicht.

Die Beschneidung des Neugeborenen kann zu Hause oder, häufiger, in der Synagoge
stattfinden. Sie erfordert die Anwesenheit von zehn erwachsenen Männern, eines Minjans. Wenn das Kind gebracht wird, sagen die Anwesenden die Grußformel: „Baruch ha-
Ba, gesegnet sei, wer da kommt." Dieser Gruß gilt auch einem unsichtbaren Gast, dem
Propheten Elias. Der „Bote des Bundes" ist nach der rabbinischen Tradition bei jeder Beschneidung als Zeuge und Beschützer des Neugeborenen zugegen. Die Beschneidung
wird vom Mohel durchgeführt. Dieses Amt kann nur ein frommer Mann mit den entspre-
chenden medizinischen und rituellen Kenntnissen ausüben. Das Kind nimmt der Sandak
(Pate, Gevatter) entgegen und reicht es dem Mohel. Dieser legt es manchmal für einen
Augenblick auf den „Stuhl des Propheten Elias". Er legt es dem Sandak auf die Knie,
dann erfolgt die Beschneidung. Dabei sprechen der Mohel und nach ihm der Vater Segenssprüche, und die Anwesenden antworten. Nachdem die Wunde versorgt wurde,
spricht der Mohel den Segen über den Wein. Darauf folgt das Schlußgebet, das mit der
Namensgebung verbunden ist und mit den Worten endet: „Möge dieser Kleine groß
werden: wie er in den Bund eingeführt worden, so möge er in die Tora, in die Ehe und die
Ausübung guter Werke eingeführt werden." Am Abend vor der Beschneidung wird in der
Familie eine leichte Erfrischung gereicht. Nach der Beschneidungsfeier findet ein Festessen statt, bei dem gewöhnlich Fleischspeisen aufgetragen werden, manchmal aber
auch Fisch und Milchgerichte. Das Mahl besteht zum Beispiel aus Challa mit geräucher-

דיני
ותפלות השייכים
לברית מילה ❖
עם ברכת המזון ׃
וברכות אירוסין ו
נשואין ׃

נעשה פה ע"י
ווינא ׃
אהרן ב"ה בנימין זאב זצ"ל
מגיביטש ❖
שנת תפח ל"ק ׃

Gebete und Vorschriften
für die Beschneidung

tem oder anders zubereitetem Fisch, verschiedenen Salaten (Kartoffel-, Eier-, oder Käsesalat) und verschiedenen Käsesorten, oder aus Challa, Fisch mit Gemüse, gebratenem Huhn oder kaltem Braten, Kartoffelsalat und süßem Kugel.

Bei der Geburt eines Mädchens ist keine Feier vorgeschrieben. Trotzdem geben die Eltern oft in den ersten Wochen nach der Geburt des Kindes ein Festessen für ihre Verwandten und Freunde.

Während die Jungen ihren Namen bei der Beschneidung erhalten, wird der Name des Mädchens in der Synagoge bekanntgegeben, wenn der Vater am Sabbat zur Verlesung der Tora aufgerufen wird. Die Namensgebung erfolgt entweder am ersten Sabbat nach der Geburt oder dann, wenn die Mutter nach dem Wochenbett zum erstenmal wieder die Synagoge besucht.

Auslösung der Erstgeborenen

Zu den mit der Geburt verbundenen religiösen Pflichten gehört die Auslösung der Erstgeborenen – Pidjon ha-Ben. Sie betrifft die Jungen, die als erstes Kind ihrer Mutter geboren werden. Die Erstgeborenen der Israeliten, die von der zehnten ägyptischen Plage verschont wurden, waren für den Dienst in der Stiftshütte bestimmt (Ex. 13, 2; 13). Nachdem sie sich aber an der Verehrung des goldenen Kalbes beteiligt hatten, verloren sie dieses Vorrecht, und an ihre Stelle traten die Männer des Stammes Levi (Nu. 8, 14–19). Zur Erinnerung an die ursprüngliche Weihung wird der Bechor (Erstgeborene) ausgelöst. Diese Zeremonie findet am 31. Tag nach der Geburt statt. Der Vater stellt den Jungen einem Kohen (Nachkommen des Hohenpriesters Aaron) vor, und auf dessen Frage antwortet er, daß er seinen Sohn loskaufen und die Auslösesumme von fünf Silberschekel bezahlen will. Der Kohen erklärt die Auslösung für vollzogen und erteilt dem Jungen den priesterlichen Segen (Gen. 48, 20; Nu. 6, 24–26).

Bar Mizwa

Ein jüdischer Junge wird mit dreizehn Jahren als religionsmündig betrachtet, ein Mädchen mit zwölf Jahren. Der Junge wird Bar Mizwa (ein Sohn der Pflicht). Das bedeutet, daß er in religiöser Hinsicht die volle Verantwortung für seine Tun trägt und nun alle Gebote der Tora befolgen muß. Zum Bar Mizwa wird der Junge im Rahmen einer Feier erklärt. Er wird feierlich zur Toralesung aufgerufen und liest einen Teil oder den

Tablett für die Auslösung
(Pidjon ha-Ben).
Böhmen, um 1850

Torawickel. Böhmen, 1726

*Verlobungsring.
Böhmen (Prag), um 1800*

ganzen Wochenabschnitt. Manchmal hält er auch einen kleinen Lehrvortrag, den er gewissenhaft vorbereitet hat. Die Eltern bewirten oft alle in der Synagoge anwesenden Gläubigen.

Zu Hause findet danach eine Feier im Kreis der Familie und Freunde statt. Man überreicht dem Jungen Geschenke, als wertvollstes oft einen Tallit, einen Gebetsmantel mit Schaufäden an den vier Ecken, und Tefillin, Gebetsriemen aus schwarzem Leder mit Lederkapseln, die Pergamentstreifen mit Versen aus der Tora enthalten. Zum Zeichen seiner Religionsmündigkeit hat der Junge von nun an die Pflicht, die Tefillin beim Morgengebet anzulegen, nach dem Gebot der Tora: „Und diese Worte, die ich dir heute gebiete, sollst du zu Herzen nehmen ... und du sollst sie binden zum Zeichen auf deine Hand, und sie sollen dir ein Merkzeichen zwischen deinen Augen sein" (Deut. 6, 6; 8). Die Bat Mizwa-Feier (Tochter der Pflicht) unterliegt keinen festen Vorschriften.

Eheschließung

Die geheiligte Verbindung von Mann und Frau hat in der jüdischen Tradition eine außerordentlich hohe Bedeutung. Ihr liegen die Bestimmungen zugrunde, die auf den ersten Seiten der Tora zu lesen sind: „Es ist nicht gut, daß der Mensch allein sei; ich will ihm eine Gehilfin machen, die um ihn sei... Darum wird ein Mann seinen Vater und seine Mutter verlassen und seinem Weibe anhangen, und sie werden sein ein Fleisch" (Gen. 2, 18; 24). Die Ehrung der Frau und der Ehe kommt an vielen Stellen der Bibel zum Ausdruck. König Salomo sagt: „Wer eine Ehefrau gefunden hat, der hat etwas Gutes gefunden und Wohlgefallen erlangt vom Herrn" (Sprüche 18, 22).

Die Hochzeit, Chatuna, ist der wichtigste Tag im Leben der beiden Partner. Die Ehe gründet sich auf gegenseitiges Vertrauen und Übereinstimmung. Der Eheschließung geht die Unterzeichnung eines Ehevertrags, der Ketubba, voraus. In der in aramäischer Sprache abgefaßten Ketubba werden die Rechte und gegenseitigen Verpflichtungen der Eheleute festgesetzt. Der Mann verpflichtet sich vor allem, seine Frau zu achten und für sie zu sorgen. Außerdem legt die Ketubba die Bedingungen für die vermögensrechtliche Absicherung der Frau im Fall von Tod oder Scheidung fest.

Da die Ketubba während der Trauungszeremonie unterschrieben werden muß, kann eine Hochzeit nicht am Sabbat oder an Feiertagen stattfinden. Auch in Zeiten der Trauer, vor allem drei Wochen vor Tischa be-Aw und in der Omerzeit zwischen Pessach und Schawuot mit Ausnahme von Lag ba-Omer, dürfen keine Trauungen vorgenommen werden. In den Tagen vor der Hochzeit sollen sich die Brautleute der geistigen Vorbereitung widmen und ihr bisheriges Leben prüfen. Oft besuchen sie in dieser Zeit das rituelle Bad, die Mikwe. Am Hochzeitstag fasten sie bis zur Trauungszeremonie.

Die Trauung erfolgt unter der Chuppa, dem auf vier Stangen ruhenden Hochzeitsbaldachin, der das künftige Heim der Eheleute symbolisiert. Sie wird oft unter freiem Himmel aufgestellt. Findet die Trauung in der Synagoge statt, wird die Chuppa auf der Bima errichtet. Als erster wird der Bräutigam, der Chatan, vom Brautführer und den Zeugen unter die Chuppa geführt. Dann kommt der Hochzeitszug der Braut, der Kalla. Sie ist weiß gekleidet und ihr Gesicht ist mit einem Schleier bedeckt. Darin folgt sie dem Beispiel Rebekkas, die sich verhüllte, als ihr Isaak entgegenkam (Gen. 24, 65). Das Anlegen des Schleiers ist mit einer kleinen häuslichen Feier verbunden, an der nicht selten auch der Rabbiner und die angesehenen Gemeindemitglieder teilnehmen. Nachdem die Braut zur Chuppa geführt wurde, geht sie siebenmal um den Bräutigam herum. Damit beginnt der erste Teil der Zeremonie, die Verlobung (Erusin). Der Bräutigam steckt der Braut den Ehering an den Zeigefinger der rechten Hand und spricht die althergebrachte Formel: „Siehe, mit diesem Ring wirst du mir angetraut nach dem Gesetz Mose und Israels." Dadurch wird die Verlobung als rechtsgültig anerkannt.

Der zweite Teil der Zeremonie ist die eigentliche Eheschließung (Nisuin), der die Verlesung der Ketubba vorausgeht. Dann trinken die Brautleute aus einem Weinbecher. Während der Zeremonie singt der Kantor (Chasan) die „Sieben Segenssprüche" der Eheschließung. Damit betet er um Glück für das junge Paar, preist Gott, daß er den Menschen nach seinem Ebenbild geschaffen hat, und bittet ihn, die „Stimme der Freude und Stimme des Frohsinns, Stimme des Bräutigams und Stimme der Braut möge gehört werden in den Städten Judas und den Straßen Jerusalems." Zum Schluß zerbricht der Bräutigam ein Glas, und die Hochzeitsgäste gratulieren dem Brautpaar mit dem Wunsch „Masal tow", viel Glück. Durch das Zerbrechen des Glases wird die Weisung der Rabbiner erfüllt, auch in den glücklichsten Augenblicken des Lebens die Zerstörung des Tempels nicht zu vergessen.

Nachdem sich die Neuvermählten für kurze Zeit in einem abgesonderten Raum aufgehalten haben, folgt das Hochzeitsmahl, das oft mit Tanz verbunden ist und bei dem es an nichts fehlen darf, was die Familie irgend erschwingen kann. Niemals darf auf der Tafel eine Challa fehlen, die diesmal größer ist als sonst und über die der Kiddusch gesprochen wird. Einer der mit dem Hochzeitsmahl verbundenen Bräuche war ein Vortrag (Drascha) des Bräutigams über ein Thema aus der Bibel oder dem Talmud.

Das jüdische Eherecht kennt die sogenannte Schwager- oder Leviratsehe, Hebräisch Jibun. Starb der Ehemann nach einer kinderlosen Ehe, war sein Bruder verpflichtet, die Witwe zu heiraten, und der erste Sohn aus dieser Ehe trug den Namen des Verstorbenen. Weigerte sich der Bruder, eine solche Ehe zu schließen, mußte er sich der Chaliza (Ausziehen der Schuhe) unterziehen, einer Zeremonie, bei der ihm die Witwe vor Zeugen einen Schuh auszog. Dieser Akt enthob beide ihrer gegenseitigen Verpflichtungen (Deut. 25, 5–10).

Die jüdische Religion läßt die Ehescheidung zu, das rabbinische Gericht bewilligt sie aber nur in Ausnahmefällen, wenn alle Versöhnungsversuche mißlungen sind.

Wenn das junge Paar in sein neues Heim übersiedelt, gehört es zu seinen ersten religiösen Pflichten, die Hülse mit dem Glaubensbekenntnis, die Mesusa, am rechten Türpfosten zu befestigen (Dtn. 6, 4–9; 11; 13–21). Das geschieht in Anwesenheit eines Minjans im Rahmen einer häuslichen Feier, die Chagigat ha-Bajjit (Einweihung des Hauses) genannt wird.

Tod

In der jüdischen Gemeinschaft dürfen Kranke und Sterbende nicht allein gelassen werden. Um ihre geistigen Bedürfnisse kümmert sich die Beerdigungsgesellschaft, die Chewra kadischa (Heilige Bruderschaft). Ihre Mitglieder leisten auch den Hinterbliebenen Beistand und gewähren ihnen materielle Unterstützung, wenn sie bedürftig sind. Die Angehörigen der Bruderschaft besuchen den Kranken regelmäßig, sichern seine Bedürfnisse ab und beten für ihn. Ist er vom Tode bedroht, verlassen sie ihn nicht mehr. Nach seinem Ableben zünden sie über seinem Kopf eine Kerze an, halten die Totenwache und

Krug der Beerdigungsbruderschaft. Mähren (Mikulov), Mitte des 19. Jahrhunderts

Krug der
Beerdigungsbruderschaft.
Böhmen (Prag), 1799

Krug der
Beerdigungsbruderschaft.
Mähren (Mikulov), 1836

treffen die notwendigen Vorbereitungen für die Beerdigung. Der Tote wird in Überein-
stimmung mit dem biblischen „Du bist Erde und sollst wieder zu Erde werden" begra-
ben. Dem Begräbnis geht die rituelle Reinigung (Tahara) voraus. Sie erfolgt meist nach
der Überführung des Leichnams auf den Friedhof, Bet ha-Kwarot. Der Tote wird mit
Wasser gewaschen, dem ein Ei, das Symbol des Lebens, zugefügt wurde. Er wird mit den
Sterbegewändern bekleidet, einem Hemd, Beinkleidern und dem Kittel mit einer
Halskrause. Der Kopf wird mit einer Mütze bedeckt. Alle Bekleidungsstücke sind weiß.
Den Männern wird ihr Tallit mitgegeben, von dem vorher die Verzierungen entfernt wurden. In den Sarg, der aus ungehobelten Brettern hergestellt ist, dürfen weder Blumen
noch Schmuck kommen. Für die jüdischen Beerdigungsbräuche ist Schlichtheit bezeich-
nend, nach dem Grundsatz, daß der Tod arm und reich gleich macht.

Nach dem Gebet: „Was Gott tut, das ist wohlgetan" und der Trauerrede des Rabbiners
folgt der Trauerzug dem Sarg zum Grab. Es ist Brauch, dabei für die wohltätigen Zwek-
ke der Bruderschaft zu sammeln. Wenn der Sarg ins Grab gesenkt worden ist und der
Rabbiner ein Gebet gesprochen hat, werfen die Anwesenden jeweils drei Schaufeln Erde
auf den Sarg. Das Begräbnis wird in der Zeremonienhalle beendet, wo man den Kad-
disch spricht und den Leidtragenden sein Beileid ausspricht.

Das Verhalten der Hinterbliebenen nach der Beerdigung ist genauen Regeln unterworfen. Die nächsten Verwandten halten eine Woche tiefe Trauer (Schiwa). Während dieser
Zeit verlassen sie das Haus nicht und sitzen auf der Erde oder auf niedrigen Stühlen. Für
die zweite Trauerperiode (Schloschim), die am dreißigsten Tag nach dem Begräbnis endet, gelten weniger rigide Vorschriften. Kinder trauern um ihre Eltern ein Jahr, in dem sie
sich aller Zerstreuungen in der Öffentlichkeit enthalten. Wenn die Hinterbliebenen nach
dem Begräbnis heimkehren, besteht ihre erste Mahlzeit, die in der Regel vor ihrer An-
kunft von ihren Freunden zubereitet wurde, aus einem hartgekochten Ei und einem
Käsebejgel. Das Ei versinnbildlicht den ewigen Kreislauf des Lebens, Geburt und Tod.

סדר ברכת המזון כמנהג אשכנזים ׃

חם הס עשרה פני מדים שיכלו בחמכן חומר המברך ׃

נברך אהינו שאכלנו
משלו ועונין המסובין ׃
ומיוםברכתו אמר ׃ ברוך
אהינו שאכלנו משל

בהזן אהינו שאכלנו
משלו ובמובו חיינו ׃
אם שלשה שאכלנו
כאחת אומר
המברך ׃

ברוך   הוא   ברוך   שמו

בָּרוּך אַתָּה ײ אֱהֵינוּ מֶלֶך הָעוֹלָם
הַזָּן אֶת הָעוֹלָם כֻּלוֹ בְּטוּבוֹ
בְחֵן בְּחֶסֶד וּבְרַחֲמִים הוּא נוֹתֵן לֶחֶם לְכָל בָּשָׂר
כִּי לְעוֹלָם חַסְדוֹ ׃ וּבְטוּבוֹ הַגָּדוֹל תָּמִיד לֹא
חָסַר לָנוּ ׃ וְאַל יֶחְסַר לָנוּ מָזוֹן לְעוֹלָם וָעֶד ׃
בַּעֲבוּר שְׁמוֹ הַגָּדוֹל כִּי הוּא אֵל זָן וּמְפַרְנֵס לַכָּל
וּמֵטִיב לַכָּל ׃ וּמֵכִין מָזוֹן לְכָל בְּרִיּוֹתָיו אֲשֶׁר בָּרָא
בָּרוּך אַתָּה ײ הַזָּן אֶת הַכָּל ׃

נוֹדֶה לָך ײ אֱהֵימוּ עַל שֶׁהִנְחַלְתָ לַאֲבוֹתֵינוּ
אֶרֶץ חֶמְדָה טוֹבָה וּרְחָבָה ׃ וְעַל

Pessach-Haggada:
Gebet nach der Mahlzeit.
Mähren, 1728

WORTERLÄUTERUNGEN

Aschkenasim	Bezeichnung für die mittel- und osteuropäischen Juden, die ursprünglich im deutschen und nordfranzösischen Raum lebten.
Beracha	(Pl. Berachot) Gebete oder Segenssprüche, die bei verschiedenen Anlässen gesprochen werden. Die vorgeschriebene Antwort auf den Segen ist Amen.
Bima	Erhöhter Platz in der Mitte oder an der Ostwand der Synagoge für die Toraverlesung.
Chassidismus	Aus dem hebräischen „chassid", gerecht, fromm. Volkstümliche religiöse Bewegung. Ihr Begründer, der unter dem Namen Baal Schem Tow (Träger des göttlichen Namens) bekannte Israel Ben Elieser (1700–1760) war eine legendäre, charismatische, sehr einflußreiche Persönlichkeit. Der Chassidismus betont die Bedeutung des ekstatischen Gebets, der Demut, der freudigen Lebensbejahung und der Nächstenliebe. Die Grundüberzeugung der chassidischen Lehre ist die Allgegenwart Gottes im Weltall und die Möglichkeit der geistigen Kommunikation zwischen der unteren irdischen und der oberen himmlischen Welt. Die Mizwot, die Gebote Gottes, müssen mit Begeisterung (Hitlahawut) erfüllt werden, nicht mechanisch. Der gewöhnliche Mensch braucht einen geistigen Berater, den Zaddik.
Cheder	Hebräisch „Zimmer". Religiöse Grundschule, wo die Kinder hebräisch lesen lernen und den ersten Unterricht in der Bibel und den Grundlagen des Judaismus erhalten. Diese Einrichtung besteht vor allem bei den Aschkenasim schon seit dem Mittelalter. Seinen Namen hat der Cheder daher, daß der Lehrer, der Melammed, seine Schüler in einem Zimmer seines Hauses unterrichtete.
Diaspora	Griechisch „Zerstreuung". Bezeichnung für den Aufenthaltsort der Juden, die nach der Zerstörung des ersten und zweiten Tempels nicht in Israel wohnten. Später wurde das Wort Diaspora für die jüdischen Gemeinden „im Ausland", also außerhalb des Landes Israel verwendet. Im weiteren Sinn hat es dieselbe Bedeutung wie „Galut" – Exil, Gefangenschaft, Verbannung.
Haggada	Ein Buch, das die Liturgie des häuslichen Gottesdienstes für die ersten beiden Abende des Pessachfestes enthält.
Jeschiwa	Hebräisch „Sitzung", „Sitzen". Talmudische Hochschule.
Jiddisch	Sprache der aschkenasischen Juden, die im 10–11. Jahrhundert im Rheinland durch Verschmelzung deutscher und romanischer Mundarten mit hebräischen Elementen entstanden ist und phonetisch mit hebräischen Buchstaben geschrieben wurde. Später, nach der Abwanderung der aschkenasischen Juden nach Mittel- und Osteuropa, wurden außerdem Ausdrücke aus den slawischen Sprachen übernommen. Im Unterschied zu Hebräisch, der Sprache der Gebildeten, war Jiddisch die Umgangssprache, die Sprache der Folkore und der Unterhaltungsliteratur.
Kabbala	Hebräisch „Annahme". Ursprünglich die talmudische Bezeichnung für die mündliche Überlieferung, später die jüdische Mystik. Die Kabbala beruht auf dem Glauben an die ununterbrochene Wechselwirkung zwischen Gott als unendliche Quelle der Kraft und Weisheit in der oberen Welt und dem Menschen in der unteren Welt. Die wichtigsten kabbalistischen Schriften sind das Sefer Jezira (Buch der Schöpfung), das Sefer ha-Bahir (Buch der Helle) und der Sohar (Buch des Glanzes), der R. Simon Bar Jochai (2. Jahrhundert) zugeschrieben wird. Ein bedeutender Vertreter der kabbalistischen Lehre im 16. Jahrhundert war R. Jizchak Luria, der Begründer der sogenannten lurianischen Kabbala.
Kiddusch	Segen über Wein, der am Sabbat und an Festtagen vor Beginn der Abendmahlzeit und nach dem Morgengottesdienst gesprochen wird. Ist kein Wein vorhanden, kann man ihn über zwei Brotlaiben sprechen.
Kille	Aus dem hebräischen „Kehilla". Gemeinde, Glaubensgemeinde.

Kohen	(Pl. *Kohanim*) Hebräisch „Priester". Angehörige des Stammes Levi, Nachkommen Aarons und seiner Söhne, die den priesterlichen Dienst in der Stiftshütte und im Tempel versahen. Sie genossen besondere Privilegien, waren aber auch strengen Gesetzen der rituellen Reinheit unterworfen.
Menora	Siebenarmiger Leuchter, traditionelles Symbol des Judentums. Die ursprüngliche goldene Menora stand in der Stiftshütte, die die Israeliten in der Wüste mit sich führten (Ex. 25, 31–40; Num. 8, 2–4).
Mesusa	Hülse, die eine Pergamentrolle mit Bibelversen enthält (Dtn. 6, 4–9; 11; 13–21). Sie wird am rechten Türpfosten in zwei Dritteln seiner Höhe befestigt.
Midrasch	Bezeichnung der von der Zeit des Talmuds bis zum Frühmittelalter entstandenen Literatur, die sich mit der Auslegung der biblischen Texte befaßt.
Mikwe	Rituelles Bad mit natürlichem Wasser (nicht Leitungswasser).
Minjan	Hebräisch „Anzahl". Mindestzahl von zehn erwachsenen Männern, die für den Gottesdienst erforderlich sind.
Misrach	Hebräisch „Osten". Die Richtung, in die man sich beim Gebet wenden soll. In jüdischen Wohnungen wird an der Ostseite des Wohnzimmers manchmal ein Misrach angebracht, ein Bild mit rituellen Motiven, symbolischen Tieren oder dem Magen David (Davidstern), oft auch verschiedenen Texten und Kombinationen von Buchstaben.
Mizwa	(Pl. *Mizwot*) In der Tora enthaltene göttliche Gebote.
Omer	Hebräisch „Getreidegarbe". Die sieben Wochen zwischen dem zweiten Tag des Pessachfestes, an dem die Israeliten die erste Garbe, den Omer opferten, und Schawuot, als die ersten Brote aus den neuen Ernte dargebracht wurden.
Sanhedrin	Jüdischer Ältestenrat (Hoher Rat) und oberster Gerichtshof zur Zeit des zweiten Jerusalemer Tempels.
Schammes	Synagogendiener.
Schechina	Gottes Allgegenwart auf der Welt.
Schiwiti	Vor der Bima oder dem Podium für den Kantor angebrachte Tafel mit den ersten Worten aus Psalm 16, 8: „Ich habe den Herrn allezeit vor Augen". Er ist ähnlich verziert wie der Misrach.
Sephardim	(*Sfaradim*) Bezeichnung für die Juden, deren Vorfahren bis zu ihrer Vertreibung (1492 bis 1497) in Spanien und Portugal lebten.
Sidra	Vorgeschriebener Wochenabschnitt der Tora, der am Sabbat gelesen wird.
Tallit	Rechteckiger Gebetsmantel, in den sich die Männer beim Gebet hüllen.
Talmud	Hebräisch „Lehre", „Studium". Autoritative Sammlung des jüdischen Gesetzes und der Überlieferung. Er besteht aus Mischna und Gemara. Die Mischna, das mündliche Gesetz, wurde um das Jahr 200 u. Z. aufgezeichnet und kodifiziert. Die Niederschrift der Gemara, der Ergänzungen und Kommentare zur Mischna, erfolgte vom 3. bis zum 6. Jahrhundert. Der Talmud liegt in zwei Versionen vor, dem Palästinensischen oder Jerusalemer und dem Babylonischen Talmud.
Tefillin	Gebetsriemen. Kleine, schwarze Lederkapseln, die Pergamentstreifen mit Bibeltexten enthalten. Der erwachsene Jude legt sie an Werktagen zum Morgengebet an. Sie werden mit Riemen auf der Stirn und am linken Arm befestigt.
Tora	Hebräisch „Lehre", „Weisung". Bezeichnung für den Pentateuch, im umfassenden Sinn auch für das ganze Alte Testament.
Zaddik	Hebräisch „der Gerechte". Rechtschaffener, ehrlicher, frommer und gottesfürchtiger Mensch. Nach der talmudischen Tradition gibt es in jeder Generation 36 Gerechte, die die Welt vor dem Untergang bewahren. Die Chassidim gebrauchten diese Bezeichnung für ihre religiösen Führer.

REZEPTVERZEICHNIS